国家出版基金项目
NATIONAL PUBLICATION FOUNDATION

# 中国道路

## 百年奋斗的宝贵成果

党的百年奋斗历史经验丛书

2022年主题出版重点出版物

总主编 辛向阳

李 洋 著

山东城市出版传媒集团·济南出版社

**图书在版编目(CIP)数据**

中国道路:百年奋斗的宝贵成果/李洋著. —
济南:济南出版社,2022.12
(党的百年奋斗历史经验丛书/辛向阳总主编)
ISBN 978 - 7 - 5488 - 5012 - 0

Ⅰ.①中⋯ Ⅱ.①李⋯ Ⅲ.①中国共产党—党的建设
—研究 Ⅳ.①D26

中国版本图书馆 CIP 数据核字(2022)第 228102 号

中国道路:百年奋斗的宝贵成果
ZHONGGUO DAOLU:BAINIAN FENDOU DE BAOGUI CHENGGUO

| | |
|---|---|
| 出 版 人 | 田俊林 |
| 责任编辑 | 刘德义 房居正 刘庆吉 |
| 封面设计 | 胡大伟 |
| 出版发行 | 济南出版社 |
| 地　　址 | 山东省济南市二环南路 1 号(250002) |
| 印　　刷 | 山东省东营市新华印刷厂 |
| 版　　次 | 2022 年 12 月第 1 版 |
| 印　　次 | 2023 年 5 月第 1 次印刷 |
| 成品尺寸 | 170 mm×240 mm　16 开 |
| 印　　张 | 10.25 |
| 字　　数 | 118 千 |
| 定　　价 | 59.00 元 |

(济南版图书,如有印装错误,请与出版社联系调换。联系电话:0531 - 86131736)

# 总 序

辛向阳

　　从 1921 年成立到现在,中国共产党一路走来,筚路蓝缕,披荆斩棘,栉风沐雨,不断从胜利走向胜利,从一个辉煌走向另一个辉煌,已经走过了一百多年的历程。正如习近平总书记在庆祝中国共产党成立100 周年大会上的讲话中所指出:"一百年来,中国共产党团结带领中国人民,以'为有牺牲多壮志,敢教日月换新天'的大无畏气概,书写了中华民族几千年历史上最恢宏的史诗。"一百多年前,党成立时只有50多名党员。今天,党已经成为拥有近一亿名党员、领导着 14 亿多人口大国、具有重大全球影响力的世界第一大执政党。一百多年前,中华民族呈现在世界面前的是一派衰败凋零的景象。今天,中华民族向世界展现的是一派欣欣向荣、朝气蓬勃的气象,正以不可阻挡的步伐迈向伟大复兴。这一百多年,有英勇顽强的奋斗,有艰难曲折的探索,有波澜壮阔的历程,也有动人心魄的故事,党历经淬炼,成就斐然。党自成立以来,始终把"为中国人民谋幸福、为中华民族谋复兴"作为自己的初心使命,以"为人类谋进步、为世界谋大同"彰显自己的天下情怀,始终坚持共产主义理想和社会主义信念,团结带领全国各族人民为争取民族独立、人民解放和实现国家富强、人民幸福以及强国建设、民族复兴而不懈奋斗，领导党和国家事业取得了历史性成就、实现了历史性变革、积累了历史性经验。

总结党的奋斗历程中的历史经验，既是党的优良传统，也是党的独特优势。过去一百多年，中国共产党向人民、向历史交出了一份优异的答卷。现在，中国共产党团结带领中国人民又踏上了实现第二个百年奋斗目标新的赶考之路，这就更加需要我们深刻总结党长期奋斗的历史经验。我们党历来高度重视总结历史经验。早在延安时期，毛泽东同志强调："如果不把党的历史搞清楚，不把党在历史上所走的路搞清楚，便不能把事情办得更好。"进入改革开放和社会主义现代化建设新时期，邓小平同志指出："历史上成功的经验是宝贵财富，错误的经验、失败的经验也是宝贵财富。这样来制定方针政策，就能统一全党思想，达到新的团结。这样的基础是最可靠的。"中国特色社会主义进入新时代，习近平总书记强调指出："历史是最好的教科书"，"历史是一面镜子"，"对我们共产党人来说，中国革命历史是最好的营养剂。多重温我们党领导人民进行革命的伟大历史，心中就会增加很多正能量"。习近平总书记还强调："中国历史是中国人民、中华民族坚持不懈的创业史和发展史。其中既有升平之世社会发展进步的丰富经验，也有衰乱之世的深刻教训以及由乱到治的经验智慧；既有当事者对时势的分析陈述，也有后人对前人得失的评论总结。可以说，在中国的史籍书林之中，蕴涵着十分丰富的治国理政的历史经验"，"我们学习历史，要结合我们正在干的事业和正在做的事情，善于借鉴历史上治理国家和社会的各种有益经验"。

在党的一百多年历史上，1945年4月党的六届七中全会通过《关于若干历史问题的决议》，1981年6月党的十一届六中全会通过《关于建国以来党的若干历史问题的决议》,2021 年 11 月党的十九届六中全会通过《中共中央关于党的百年奋斗重大成就和历史经验的决议》。这三个历史决议虽然诞生的历史背景、形成的现实条件和阐述的具体内容有所不同,但都以实事求是的原则总结了党的重大历史事件和重要经验教训,在重大历史关头统一了全党思想和行动,对推进党和人民事业发挥了重要引领作用。这三个历史决议贯通历史、现实和未来,深刻阐述了党团结带领人民争取民族独立、人民解放和实现国家富强、人民幸福以及开展强国建设、民族复兴的光辉历程,系统总结了党领导人民进行革命、建设、改革的历史经验,科学揭示了一百多年来中国共产党人对共产党执政规律、社会主义建设规律和人类社会发展规律的深刻认识。深入研究第三个历史决议,有助于我们牢牢掌握党和人民事业发展的历史主动,以党的重大成就和历史经验鼓舞斗志、凝聚力量、踔厉奋发、勇毅前行,以咬定青山不放松的执着、以一往无前的奋斗姿态接续夺取全面建设社会主义现代化强国的新胜利。

在党领导中国人民胜利实现第一个百年奋斗目标全面建成小康社会,踏上实现第二个百年奋斗目标新征程的重大历史关头,全面总结党的百年奋斗重大成就和历史经验,对推动全党进一步统一思想、统一意志、统一行动,团结带领全国各族人民夺取新时代中国特色社会主义新的伟大胜利,具有重大现实意义和深远历史意义。党的十九届六中全会通过的《中共中央关于党的百年奋斗重大成就和历史经验的决议》,是在建党百年历史条件下开启全面建设社会主义现代化国家新征程、在新时代坚持和发展中国特色社会主义的现实需要;是增强政治意识、大局意识、核心意识、看齐意识,坚定道路自信、理论自信、制度自信、文化自信,做到坚决维护习近平同志党中央的核心、全党的核心地位,坚决维护党中央权威和集中统一领导,确保全党步调一致向前进的政治需要;是推进党的自我革命、提高全党斗争本领和应对风险挑战能力、永葆党的生机活力、团结带领全国各族人民以中国式现代化全面推进中华民族伟大复兴而奋斗的时代需要。

回首党的一百多年的历程,正是在党的坚强领导下,中华民族才迎来了从站起来、富起来到强起来的伟大历史飞跃。党的十九届六中全会通过的《中共中央关于党的百年奋斗重大成就和历史经验的决议》,概括出来的具有根本性和长远性意义的十大历史经验,即坚持党的领导、坚持人民至上、坚持理论创新、坚持独立自主、坚持中国道路、坚持胸怀天下、坚持开拓创新、坚持敢于斗争、坚持统一战线、坚持自我革命,则充分反映了习近平总书记在党的二十大报告中所指出的:"实践告诉我们,中国共产党为什么能,中国特色社会主义为什么好,归根到底是马克思主义行,是中国化时代化的马克思主义行。"中国共产党历经一百多年,恰似风华正茂,仍然具有旺盛的生命力。世界充满好奇,时代充满追问。答案只有一个——坚定不移地坚持中国共产党的坚强领导。"党的百年奋斗历史经验丛书"正是立足于此,从基本史实、基本事实出发,全面阐释党的百年奋斗的十大历史经验,从政治、理论和思想等方面全面做出了回答。

加强对党的百年历史经验的研究,就是要深入研究党领导人民进行革命、建设、改革的一百多年的历史进程,全面总结党从胜利走向胜利的光辉历程,为国家、民族和人民建立的不朽功勋;深入研究党坚持把马克思主义基本原理同中国具体实际相结合、同中华优秀传统文化相结合,不断推进马克思主义中国化的一百多年的历史进程,全面深化对新时代党的创新理论的理解和运用;深入研究党不断增强党的团结、维护党中央权威和集中统一领导的一百多年的历史进程,深刻领悟加强党的政治建设这个马克思主义政党的鲜明特征和政治优势;深入研究党为"中国人民谋幸福、为中华民族谋复兴、为人类谋进步、为世界谋大同"的一百多年的历史进程,深刻认识党同人民生死相依、休戚与共的血肉联系,依靠人民创造历史伟业、创造历史伟业为了人民的阶级立场和推动世界社会主义运动发展、胸怀天下造福全人类的世界情怀;深入研究党加强自身建设、推进自我革命的一百多年历程,增强全面从严治党永远在路上的坚定和执着,确保党在新时代坚持和发展中国特色社会主义的历史进程中始终成为坚强领导核心;深入研究历史发展规律和大势,始终掌握新时代新征程党和国家事业发展的历史主动,增强锚定既定奋斗目标、意气风发走向未来的勇气和力量。

深入研究党的百年奋斗历程中形成的十大历史经验,要坚持科学的研究方法和原则要求。我们要坚持辩证唯物主义和历史唯物主义的方法论,用具体历史的、客观全面的、联系发展的观点来看待党的历史。要坚持正确党史观、树立大历史观,准确把握党的历史发展的主题主线、主流本质,正确对待党在前进道路上经历的失误和曲折,从成功中吸取经验,从失误中吸取教训,不断开辟走向胜利的新道路。要旗帜鲜明反对历史虚无主义,加强思想引导和理论辨析,澄清对党史上一些重大历史问题的模糊认识和片面理解,更好正本清源。尤其是,要坚持正确党史观和大历史观,立足于中华民族一百万年的人类史、一万年的文化史、五千多年的文明史,立足于五百余年的社会主义发展史、一百多年的中国共产党史、七十余年的中华人民共和国史、四十多年的改革开放史,从中华民族伟大复兴战略全局和世界百年未有之大变局出发,全面而准确地认清和把握新时代中国特色社会主义取得的历史性成就、发生的历史性变革。通过生动、深入、具体的纵横比较，把事实讲清楚，把道理讲明白，把理论讲透彻。

党的十九届六中全会通过的《中共中央关于党的百年奋斗重大成就和历史经验的决议》所总结的十条历史经验，是我们党百年奋斗中用鲜血和汗水凝练出来的理论结晶，既不是从哪本经典教科书上抄来的，也不是从哪个国家照搬来的，更不是在头脑中主观臆想出来的，而是系统完整、相互贯通的有机整体，揭示了党和人民事业不断成功的根本保证，揭示了党始终立于不败之地的力量源泉，揭示了党始终掌握历史主动的根本原因，揭示了党永葆先进性和纯洁性、始终走在时代前列的根本途径。这一历史决议深刻揭示了过去我们为什么能够成功、未来我们怎样才能继续成功，深刻阐述了中国共产党为什么能、中国特色社会主义为什么好、马克思主义以及中国化时代化的马克思主义为什么行，并进一步深刻回答了新时代坚持和发展什么样的中国特色社会主义、怎样坚持和发展中国特色社会主义，建设什么样的社会主义现代化强国、怎样建设社会主义现代化强国，建设什么样的长期执政的马克思主义政党、怎样建设长期执政的马克思主义政党等重大时代课题，是一篇闪耀着马克思主义真理光辉的纲领性文献，是新时代中国共产党人牢记初心使命、坚持和发展中国特色社会主义的政治宣言，是党领导广大人民以史为鉴、开创未来，全面建设社会主义现代化国家、全面推进中华民族伟大复兴的行动指南。

通过该丛书，我们可以清晰地看清楚过去我们党为什么能够成功、今天我们党如何成功，同时弄明白未来我们党怎样才能够继续成功，从而更加坚定、更加自觉地牢记初心、不忘使命，以更加宏大的气魄诠释胸怀天下。同时，在新时代更好坚持和发展中国特色社会主义，要不断坚持唯物史观和大历史观，以更加昂扬的姿态奋进新时代，逐梦新征程，踔厉奋发、勇毅前行、团结奋斗，全面建设社会主义现代化强国、全面推进中华民族伟大复兴。

全面建设社会主义现代化强国、全面推进中华民族伟大复兴，已进入了不可逆转的历史进程，我们比历史上任何时期都更接近、更有信心和能力实现这个目标。作为哲学社会科学工作者，我们要按照立足中国、借鉴国外，挖掘历史、把握当代，关怀人类、面向未来的思路，强化基础研究前瞻性、战略性、系统性布局，不断推进知识创新、理论创新、方法创新，以原创性、标识性的概念、话语、范畴、范式等深刻阐述党的百年奋斗历史经验生成的内在逻辑、内在机理。加快构建中国特色哲学社会科学学科体系、学术体系、话语体系，坚持用马克思主义及其中国化时代化的最新成果——习近平新时代中国特色社会主义思想观察时代、解读时代、引领时代，用鲜活丰富的当代中国实践来推动马克思主义发展，用宽广视野吸收人类创造的一切优秀文明成果，坚持在改革中守正出新、不断完善自己，在开放中博采众长、不断超越自己，不断深化对共产党执政规律、社会主义建设规律、人类社会发展规律的新认识，不断开辟马克思主义中国化时代化新境界！

# 目　录

# 第一章

# 中国道路承载中国梦想

　　一个国家选择走什么样的路，这不是任意的，而是由其面临的历史境遇与时代课题所决定的。近代以来，实现民族独立、人民解放与国家富强是中国人民所面对的首要历史重任，为了完成这一任务，优秀的中华儿女进行了长期反复的探寻、比较和实践并最终选择了社会主义道路，"把马克思主义基本原理同中国具体实际相结合、同中华优秀传统文化相结合，坚持运用辩证唯物主义和历史唯物主义"[1]为中国道路的成功开辟奠定了基础、锚定了方向。因此，中国道路的开辟不是偶然的，而是中国人民追寻中华民族伟大复兴中国梦的必然结果，是在改革开放的伟大实践中走出来的、在中华人民共和国成立后的持续探索中走出来的、在对近代以来华民族发展历程的深刻总结中走出来的、在对中华民族5000多年悠久文明的传承中走出来的，是独具中国特色与中国气派的发展之路。

---

[1]习近平：《高举中国特色社会主义伟大旗帜　为全国建设社会主义现代化国家而团结奋斗——在中国共产党第二十次全国代表大会上的报告》，人民出版社2022年版，第17页。

## 第一节 救亡图存与民族振兴是中国道路的出场坐标

历史上，中国是世界上最强大的国家之一，不仅创造了 5000 多年连绵不断的文明历史，更创造了博大精深的中国文化，为人类文明的发展与进步做出了不可磨灭的贡献。在西方国家工业革命发生以前，中国的经济、科技、文化长期稳居世界第一方阵，物质文明和精神文明都无比绚丽多彩、灿烂辉煌。正如"科学圣徒"贝尔纳所言，"有史以来，在大多数时期，中国一直是世界三四个伟大文明中心之一，而且在这一期间的大部分时间中，它还是一个政治和技术都最为发达的中心"①。美国学者罗伯特·坦普尔在《中国的天才》一书的序言中同样赞美道，"'近代世界'赖以建立的种种基本发明和发现，可能一半以上来源于中国……中国人和西方人一样都会惊讶地看到，先进农业、造船、采油、天文、音乐，还有十进制数学、纸币、雨伞、滚轴、手推车、载人飞行、多级火箭、火药、水雷、毒气、降落伞、热气球、象棋、纸张、印刷、指南针，甚至蒸汽机的原理，全部源于中国。如果没有从中国引进船尾舵、罗盘、多重桅杆等改进航海和导航的技术，欧洲绝对不会有导致地理大发现的航行，哥伦布也不可能远航到美洲，欧洲人也就不可能建立那些殖民帝国。如果没有从

---

① 《科学的社会功能》，商务印书馆 1982 年版，第 297 页。

中国引进马镫……欧洲也就不会有骑士时代。如果没有从中国引进枪炮和火药……就不可能结束骑士时代。如果没有从中国引进造纸术和印刷术，欧洲可能要更长期地停留在手抄书本的情况，书面文献就不可能如此广泛流传"，"中国封建社会的科技文化成就更为辉煌，几乎所有领域都有重大成就，代表了全人类在封建时代所达到的水平，是世界科技文化发展史上辉煌灿烂的一页"。繁荣富庶的中国激发了全世界的想象力，引起了世界各国对中国的强烈向往。然而进入近代以后，当西方国家纷纷乘着工业革命浪潮开启现代化进程的契机，晚清封建政府却夜郎自大、因循守旧，畏惧变革、抱残守缺，使得近代中国开始逐渐落后于世界发展的潮流。1840 年鸦片战争以后，中国的国门更是被强行打开，西方列强对中国展开了野蛮侵略与肆意掠夺，大中小帝国主义国家几乎都侵略过我们。列强环伺、山河破碎，中华民族陷入了内忧外患的苦难深渊，中国人民陷入了水深火热的悲惨境地，中华文明陷入了暗淡无光的危亡时刻；国家蒙辱、人民蒙难、文明蒙尘，中华民族迎来了"数千年来未有之变局"和"数千年来未有之强敌"。也是从那时起，光复旧物、重振文明，实现中华民族伟大复兴，开始成为中国人民和中华民族最伟大的梦想，中国人民围绕"走什么路"进行了艰苦卓绝的不懈探索。

1640 年，随着英国资产阶级革命的爆发，开始进入资本主义时代。到了 18 世纪，美国、法国等国家也先后通过发动资产阶级革命建立了资产阶级政权，为资本主义的发展提供了政治前提和保障。18世纪中叶，工业革命从英国的棉纺织业悄然兴起，随后迅速扩展至欧美各国，使机器大生产取代了工场手工业，资本主义经济得到迅猛发展。到了 19 世纪初，英国已经基本完成工业革命，成为世界上最强大的资本主义国家。而此时中国的封建统治者闭关锁国、夜郎自大，使得中国同世界科技发展潮流渐行渐远，屡次错失富民强国的历史机遇，被世界快速发展的浪潮甩在了后面。西方资本主义的快速发展使得它对广阔的商品销售市场和廉价原材料产生了巨大渴望，它要把全世界都纳入资本主义的世界体系中来，成为其经济、政治以及文化的附庸，供其剥削、掠夺、压迫、奴役。正是在这种情况下，中国成为其主要的侵略目标。1835年，英国东印度公司高级职员林德赛致函英国外交大臣巴麦斯顿，指出当时的清朝政府非常虚弱，对于对外通商的态度也非常戒备，因此建议对中国发动战争，认为只要"采取恰当的策略，配以有力的行动，只要一支小小的海军舰队，就万事皆足了"，而且还提出了具体的作战时间、路线等。在华鸦片贩子、伦敦东印度和中国协会、曼彻斯特商会和利物浦印度协会等，都曾上书英国政府要求用武力打开中国市场。在这种情况下，1840年4月，英国国会通过了对华发动战争的决定，鸦片战争正式爆发。鸦片战争的隆隆炮声第一次震撼了当时的清王朝，虽然广大爱国将士进行了顽强抵抗，但却依旧没能逃脱失败的命运。自1840年鸦片战争以后，西方列强发动了一次又一次侵华战争，强迫中国签订了一系列不平等条约，严重破坏了中国的领土主权、领海主权、关税主权、司法主权等，一步一步地控制了中国的政治、经济、外交和军事，以致当时的英国公使普鲁斯在向英国政府报告时扬扬得意地说"在某种程度上（我们）已成为这个政府的顾问"。可以说，当时的中国已经丧失了完全独立的地位，在相当程度上被殖民化了。正如毛泽东所言，当时"中国的特点是：不是一个独立的民主的国家，而是一个半殖民地的半封建的国家。在内部没有民主制度，而受封建制度的压迫；在外部没有民族独立，而受帝国主义压迫"①。中国从一个拥有完全独立主权的封建国家变成了一个半殖民地半封建的国家。

在半殖民地半封建的中国，西方列强的野蛮本性暴露得一览无余，他们的殖民扩张使古老的中国遭遇了空前的挑战，面临着极其深刻的民族危机，正如孙中山所言，"方今强邻环列，虎视鹰瞵，久垂涎于中华五金之富、物产之饶。蚕食鲸吞，已效尤于接踵；瓜分豆剖，实堪虑于目前"②。在经济上，西方列强除了强迫中国支付巨额的战争赔款外，还利用与清政府签订的不平等条约所攫取的特权进行商品倾销和资本输出，将洋布、洋纱、洋花边、洋袜、洋巾倾销到中国市场，同时低价收购生丝、茶叶、棉花、大豆、烟草、羊毛、皮革、猪鬃等中国农副产品。除此之外，西方列强还在中国自由开工厂、办银行、修铁路、开矿山、设洋行，获取超额利润，控制中国经济。在政治上，西方列强对清政府的内政、外交、财政、军事加以全方位的操纵与控制，各大国驻华公使馆俨然成为清政府的"太上皇"，享有治外法权的在华外国人，可以恣意妄为而不受中国法律的管辖和制裁。除此之外，西方列强还分别扶持各派系军阀首领作为自己的代理人，支持他们割据地盘、进行混战。在文化上，西方列强还大肆宣扬殖民主义奴化思想，散播"种族优劣论"麻痹中国人民的精神，他们攻击污蔑中华民族是愚昧落后的"劣等民族"，应该接受"优等民族"白种人的开导和奴役。在19世纪末，西方列强还炮制了所谓的"黄祸论"，宣扬中国等黄色人种对西方白色人种构成巨大威胁，认为"一旦千百万中国人意识到自己的力量时，将给西方文明带来灾难和

---

① 《毛泽东选集》第 2 卷，人民出版社 1991 年版，第 542 页。
② 《孙中山选集》（上），人民出版社 2011 年版，第 14 页。

毁灭"，企图以此论证西方列强侵略、压迫中国的合理性。

西方列强的侵略给中华民族带来了巨大灾难，在帝国主义和封建主义的双重压迫下，中华民族面前是一片濒临毁灭的悲惨黯淡的景象，民族危机日益加深，整个社会陷入了一种错综复杂的矛盾格局。在这当中，既有中华民族与资本主义、帝国主义的矛盾，又有农民阶级与地主阶级的矛盾，还有资产阶级与地主阶级的矛盾、无产阶级与资产阶级的矛盾、封建统治阶级内部各集团派系的矛盾、各帝国主义国家在中国争夺的矛盾等等。在这些矛盾的共同作用之下，中国人民生活在水深火热之中，尤其是占中国人口绝大多数的农民，日益贫困化以至大批地破产，过着饥寒交迫和毫无政治权利的生活，其贫困和不自由的程度是世界所少见的。中华民族已经走到了生死存亡的紧要关头。在这一危急关头，有着自强不息光荣传统的中华民族没有被打倒，更没有屈服，正如恩格斯指出的，"没有哪一次巨大的历史灾难不是以历史的进步为补偿的"①，越来越多的中国人意识到，中国要改变落后挨打的状况，中国人民要摆脱贫穷落后的悲惨境遇，就必须推翻帝国主义、封建主义联合统治的半殖民地半封建的社会制度，争得民族独立和人民解放，实现国家的繁荣富强以及中华民族的伟大复兴。于是，中国人民开始觉醒，开始找寻出路。找到一条救亡图存并能走向伟大复兴的正确道路成为中国社会各个阶级共同面对的时代使命，争取民族独立、人民解放和实现国家富强、人民幸福成为中国人民的历史任务。这两大任务是互相关联着的，前者为后者创设前提、开辟道路，后者是前者的必然要求与最终目的。因此，中国道路的出

①《马克思恩格斯全集》第39卷，人民出版社1974年版，第149页。

场是近代以来中华民族探索国家和民族出路的必然结果，救亡图存与民族振兴构成了中国道路的最初出场坐标。

## 第二节　独立自主与守正创新是
## 中国道路的鲜明品格

为了探求救国救民的道路，无数中华儿女和仁人志士前赴后继、奔走呼号，从太平天国运动到洋务运动，从戊戌变法到辛亥革命，各种主义、各种思潮、各种救国方案轮番出台，它们的主张虽各不相同，但目的却是一致的，那就是为中华民族找到一条根本出路。作为中国历史上旧式农民运动的最高峰，太平天国运动爆发于民族矛盾和阶级矛盾空前尖锐的形势之下，为了寻找除旧布新的新方案、新蓝图，太平天国运动把斗争矛头直指腐朽的封建王朝，同时迈出了向西方学习的第一步。通过颁布《天朝田亩制度》和《资政新篇》，太平天国的农民领袖试图从经济、政治和文化等多个方面进行改革，从而达到"革故鼎新""与番人并雄"的目的。然而，鉴于农民阶级不是新的生产力和生产关系的代表，同时亦无法克服小生产者所固有的阶级局限性，太平天国运动最终走向了失败，它的自强之道也破产了。太平天国农民运功失败以后，以封建大地主阶级为代表的洋务派为了挽救统治危机提出创办洋务企业、"师夷长技以自强"的自救策略。洋务运动是在 19 世纪 60 年代初清政府镇压太平天国起义的过程中和第二次鸦片战争结束后兴起的。在第二次鸦片战争和"借师助剿灭"

太平天国的过程中，清朝的封建统治阶级深刻认识到西方坚船利炮的巨大威力以及"师夷长技"的必要性，于是在"中学为体、西学为用"价值理念的指导下，一方面以"自强"为口号引进西方先进生产技术、创办新式军事工业；另一方面则以"求富"为目的兴办轮船、铁路、电报、邮政、采矿、纺织等各种新式民用工业。除此之外，洋务派还创办新式学校，选送留学生出国深造，培养翻译人才、军事人才和科技人才，传播新知识、新思想。通过学习西方先进的科学技术，洋务运动仿佛找到了一条使中国走向富国强兵的道路，但甲午战争中的惨败却告诉我们洋务运动企图在不触动腐朽的封建制度的前提下只利用西方资本主义的器物文明来发展自身是绝不可能成功的，"一手欲取新器，一手仍握旧物"的"自强运动"不可能为中国摆脱贫弱找到出路，也不可能避免最终失败的命运。面对甲午战争的惨败造成的新的民族危机，中华民族的民族觉醒达到前所未有的新高度，新兴的民族资产阶级在内忧外患的冲击和中西文化的碰撞过程中，逐步形成了一个共识，即："要救中国，只有维新；要维新，只有学外国"。那时的外国只有西方资本主义国家是进步的，所以中国要想富强就必须全方位地学习西方资本主义国家，不仅要学他们的科学技术还要学习他们的政治制度和文化，"能变则全，不变则亡，全变则强，小变仍亡"。正是在这一理念的指导下，资产阶级维新派提出了一系列自上而下的变法主张，即在洋务派"中体西用"的基础之上，进一步用资本主义君主立宪制取代封建君主专制制度，要兴民权、设议院，认为只有君主立宪制度才是当时中国的理想政治方案，只有通过变法发展资本主义才能使中国走上富强道路。然而，戊戌变法把改革希望全部寄托在封建统治者身上，既不敢彻底否定封建主义，又对西方资本主义国家抱有幻想，同时还惧怕人民群众，所以他们提出的改革方案十分温和且不彻底，最终难逃失败的命运。在旧式的农民战争走到尽头，不触动封建根基的"自强"运动和资产阶级改良主义屡屡碰壁以后，以孙中山为代表的资产阶级革命派开始清楚地认识到清政府的腐败要比他们原先了解的严重得多，他们"积渐而知和平之手段不得不稍易以强迫"[①]，决心以革命的方式彻底推翻清王朝的统治，"以一个新的、开明的、进步的政府来代替旧政府"[②]"将满洲政府所有压制人民之手段、专制不平之政治、暴虐残忍之刑罚、勒派加抽之苛捐与及满洲政府所纵容之虎狼官吏，一切扫除"[③]。正是秉持着这一革命思想，中国资产阶级革命派高举民主革命的旗帜，广泛联合革命力量，彻底放弃改良幻想，走上了以武装起义推翻清王朝统治的斗争之路，开展了轰轰烈烈的辛亥革命运动。辛亥革命以推翻封建君主专制、建立资产阶级共和国为目的，结束了中国延续 2000 多年的封建君主专制制度，建立了中国历史上第一个资产阶级共和政府——南京临时政府，使民主共和的观念开始深入人心，在中国形成了"敢有帝制自为者，天下共击之"的民主主义观念。辛亥革命虽然取得了巨大成功，但由于民族资产阶级的软弱性和妥协性，最终北洋军阀首领袁世凯在帝国主义和国内反动势力以及附从革命的旧官僚、立宪派的共同支持下，窃夺了辛亥革命的果实。当时的中国在政治上、社会上的种种黑暗腐败比清朝更甚，人民的困难日甚一日。资产阶级革命派在中国建立一个独立、民主的资产阶级共和国的梦想彻底破

---

① 《孙中山全集》第 1 卷，中华书局 1981 年版，第 52 页。
② 《孙中山全集》第 1 卷，中华书局 1981 年版，第 254 页。
③ 《孙中山全集》第 1 卷，中华书局 1981 年版，第 310 页。

灭了。

从太平天国运动到辛亥革命，从向西方学技术到向西方学制度，中国的先进分子历经千辛万苦提出了各种救国方案和主义，但无一例外都没有能够解决中国的问题，反而导致军阀混战、民不聊生。之所以出现这种情况，是因为在帝国主义时代，在半殖民地半封建的中国，资本主义的救国方案是根本行不通的。尽管当时先进的中国人真诚地希望能够按照西方国家的样子来发展中国，来发展资本主义，但是西方列强决不允许中国走向独立富强，从而使自己失去中国这样一个占世界人口 1/4 的剥削和奴役对象，他们只会无所不用其极地采取政治、军事、外交、经济等各种手段来干涉、破坏中国的革命和改革事业，使得中国探索国家出路的尝试一次又一次地遭遇失败。对于这一点，毛泽东就揭示出，中国人向西方学的很不少，但是行不通，先生老是侵略学生，帝国主义的侵略打破了中国人学西方的迷梦，理想总是不能实现。历史和现实告诉我们，资本主义道路在中国走不通，改良主义、自由主义、实用主义、无政府主义、社会达尔文主义都不能解决中国的前途和命运问题，正如毛泽东所说，社会改良的方案只是"补苴罅漏的政策，不成办法"，无政府主义"否认权力，这种主义恐怕永世都做不到"，用发展教育、科学和实业等以改造社会的"温和方法"，也"永世做不到"①。在这种情况下，"国家的情况一天一天坏，环境迫使人们活不下去。怀疑产生了，增长了，发展了"②，先进的中国人开始对资本主义文明感到失望甚至愤慨，晚清向学习西方的现代化运动陷入了范式危机，人们不再相信 18 世纪法国式革命

---

① 《毛泽东文集》第 1 卷，人民出版社 1993 年版，第 2 页。
② 《毛泽东选集》第 4 卷，人民出版社 1991 年版，第 1470 页。

能够挽救中国并开始寻找新的道路。正如 2021 年热播电视剧《觉醒年代》中陈独秀和李大钊在对话中所谈到的，中国并不是没有出路，但出路不是老路，只有找到一条新路，中国才能够转危为安。但新路究竟应该是条什么路，当时的中国先进分子尚未找到一个确切的答案，但他们已经深刻地认识到这条道路绝不可能是现成的，更不可能靠照搬照抄得来。正如李大钊所指出的，"东洋文明既衰颓于静止当中，而西洋文明又疲命于物质之下""非有第三新文明崛起，不足以渡世危崖"①。正是出于对新道路的不懈探寻，以及一次次的失败与觉醒，中国的先进分子在反复的对比中最终选择了马克思主义并把马克思主义基本原理同中国实际结合起来，找到了一条能够实现国家富强、民族复兴、人民幸福的中国特色社会主义道路。

当中国的先进分子为找寻民族独立自强之路而陷入彷徨和苦闷时，俄国十月革命的胜利使中国人民看到了新希望。作为人类历史上具有划时代意义的重大事件，俄国十月革命的胜利昭示着资本主义制度并非人类文明发展的唯一选择，广大人民群众一旦觉醒起来、组织起来，完全可以依靠自身的力量创造出能够维护绝大多数人的利益的崭新社会制度。俄国十月革命胜利以后，社会主义开始在中国成为一股有相当影响的思想潮流，马克思主义也开始深深地吸引了中国先进分子并得到广泛传播。从 1918 年 7 月起，李大钊先后发表了《法俄革命之比较观》《庶民的胜利》《Bolshevism 的胜利》等文章，指出"俄罗斯之革命是二十世纪初期之革命，是立于社会主义上之革命，是社会的革命而并著世界的革命之采色者也"②，认为"将来的环球，

---

① 《李大钊全集》第 2 卷，人民出版社 2013 年版，第 311 页。
② 《李大钊全集》第 2 卷，人民出版社 2013 年版，第 330 页。

必是赤旗的世界"①。1920 年 8 月，远赴法国勤工俭学的蔡和森也致信挚友毛泽东道，"我近对各种主义综合审谛，觉社会主义真为改造现世界对症之方。中国也不能外此"，"我对于中国将来的改造，以为完全适用社会主义的原理和方法"。② 青年毛泽东同样心潮澎湃地说，"一枝新文化小花，发现在北冰洋岸的俄罗斯"③，"我看俄国式的革命，是无可如何的山穷水尽诸路皆走不通了的一个变计"④，"十月革命一声炮响，给我们送来了马克思列宁主义。十月革命帮助了全世界的也帮助了中国的先进分子，用无产阶级的宇宙观作为观察国家命运的工具，重新考虑自己的问题。走俄国人的路——这就是结论"⑤。从此，向俄国学习，走社会主义道路成为中国先进分子探索的新方向。

　　当然，在马克思主义的接受和传播过程中，中国的思想界也曾有过争论甚至发生过十分激烈的交锋，其中关于社会主义是否适合中国国情的大论战就是非常著名的一次。1920 年，英国著名哲学家罗素应梁启超等人的邀请来中国讲学，他在演讲中提出"现在中国产业情形幼稚"，因此首要任务应当是开发实业、兴办教育，并表示，"对于中国社会改良的方法，暂不主张社会主义"。对于罗素的这一观点，陪同他讲学的张东荪深表赞同并发表文章予以支持，梁启超等人也深表赞同，而李大钊、李达等人则纷纷据理反驳，从而掀起了一场中国该往何处去的大辩论。这场论辩的焦点主要集中于三个问题，即：中国是走资本主义道路还是社会主义道路？是否要通过社会革命来改造中

---

①《李大钊全集》第 2 卷，人民出版社 2013 年版，第 367 页。

②《蔡和森文集》（上），人民出版社 2013 年版，第 56—57 页。

③《毛泽东年谱（1893—1949）（修订本）》上，中央文献出版社 2013 年版，第 61 页。

④《毛泽东年谱（1893—1949）（修订本）》上，中央文献出版社 2013 年版，第 73 页。

⑤《毛泽东选集》第 4 卷，人民出版社 1991 年版，第 1471 页。

国社会？中国是否需要建立工人阶级政党？张东荪、梁启超两人信奉罗素所宣扬的基尔特社会主义，即打着社会主义旗号的资产阶级改良主义，认为"中国唯一的病症就是贫乏"，而救治的办法，则在于以资本主义的方法来发展实业。对此，李大钊、李达等中国早期的马克思主义者进行了有力批驳，指出：中国确实需要发展实业，但必须看到，相较于资本主义，在社会主义生产方式下，"一人利用他人、压迫他人的事实绝对不会发生，也没有经济恐慌、人民失业的危险"，所以"在今日而言开发实业，最好莫如采用社会主义"。[1] 他们还强调，中国客观上存在着无产阶级，他们"所受的悲惨，比欧美、日本的无产阶级所受的更甚"[2]，因此，中国劳动者联合起来组织革命团体，不仅完全必要，而且完全有条件。通过这场关于中国该走什么道路的论争，中国的先进分子开始把目光投向了马克思主义，更加坚信只有马克思主义才能救中国。1920 年，在一个乍暖还寒的春天，29 岁的陈望道在老家浙江义乌分水塘的柴房里，废寝忘食两个月，第一次完整译出了《共产党宣言》，首印 1000 册即刻售罄，到 1926 年，《共产党宣言》重印再版达 17 次之多，引起强烈的社会反响。先进的、不屈的中国人经过反复比较、反复推求，选择了马克思主义作为救国救民的道路、作为始终不渝的志向，马克思主义也开始在中国广泛传播开来并最终发展为人民群众的革命实践。

随着马克思主义在中国的广泛传播以及中国工人运动形势的不断高涨，建立一个无产阶级政党来领导中国的革命斗争成了迫在眉睫的任务。1920 年 7 月上旬，在法国勤工俭学的新民学会会员聚集在蒙达

---

① 《李达文集》第 1 卷，人民出版社 1980 年版，第 64—65 页。
② 《李达文集》第 1 卷，人民出版社 1980 年版，第 62 页。

尼（现译作蒙达尔纪）召开了一次非常重要的会议——蒙达尼会议。会上，大家围绕新民学会的方针"改造中国与世界"展开了激烈的讨论，正式提出马克思列宁主义信仰和建党主张。会后，蔡和森给毛泽东写了一封信，即《给毛泽东信——社会主义讨论，主张无产阶级专政》，信中讲道，"我以为先要组织党——共产党。因为他是革命运动的发动者、宣传者、先锋队、作战部，以中国现在的情形看来，须先组织他，然后工团、合作社，才能发生有力的组织"①。对于蔡和森的建议，毛泽东热情地回复道，"你这一封信见地极当，我没有一个字不赞成"②。正是在这种情况下，1921年中国共产党第一次全国代表大会在上海举行，中国共产党正式成立了。中国共产党的成立是中华民族发展史上一个开天辟地的大事变，具有伟大而深远的意义，中国共产党一经成立，就旗帜鲜明地把社会主义和共产主义作为自己的奋斗目标，义无反顾地肩负起实现中华民族伟大复兴的历史使命。在中国共产党的领导下，中国人民从此踏上了争取民族独立、自身解放的光明道路，开启了实现国家富强、人民富裕的历史新征程。

在中国共产党带领中国人民争取民族独立和自身解放的过程中，对于马克思列宁主义和"俄国人的路"，中国共产党人没有原封不动地照搬照抄，而是从自身实际情况出发，"择其善者而从之，其不善者而改之"，努力探寻属于自己的社会主义革命和建设之路。早在中国共产党成立之初，李大钊等人就开始思考马克思主义与中国现实国情相结合的问题。1919年，在《再论问题与主义》一文中，李大钊指出，"大凡一个主义，都有理想与实用两面……把这个理想适用到

①《蔡和森文集》，人民出版社1980年版，第51页。
②《毛泽东文集》第1卷，人民出版社1993年版，第4页。

实际的政治上去，那就因时、因所、因事的性质情形，有些不同。社
会主义，亦复如是"①。到了 1923 年，在北京大学讲授《社会主义与
社会运动》时，他又进一步说，社会主义"因各地、各时之情形不
同，务求其适合者行之，遂发生共性与特性结合的一种新制度（共性
是普遍者，特性是随时随地不同者），故中国将来发生之时，必与英、
德、俄……有异"②。瞿秋白也指出，"革命的理论永不能和革命的实
践相离……应用马克思主义于中国国情的工作，断不可一日或缓"③。
显然，中国共产党从一开始就对马克思主义、社会主义与中国社会实
际相结合具有高度的自觉，强调必须把社会主义应用到具体的革命实
践中去，不同国家的社会主义道路一定是既有共性又有特性，中国将
来所走的社会主义道路也应有自己的特性，从而为中国道路的探索和
形成奠定了基础、指明了方向。

　　然而，与所有新生事物一样，中国共产党也经历了从不成熟到成
熟、从学习借鉴他人到完全独立自主的发展过程。面对近代以来山河
破碎、国弊民穷的颓败景象，年轻的中国共产党为了能够尽快改变国
家面貌、取得革命胜利，曾一度将共产国际的指示神圣化、将马克思
主义教条化、将苏联经验模式化，尤其是随着王明等留苏学生归国并
在共产国际的支持下成为中国共产党的领导者，教条主义开始在年轻
的中国共产党内部滋生、蔓延。1931 年 1 月，中共六届四中全会在上
海召开，会上王明发表了《为中共更加布尔什维克化而斗争》的报
告，要求必须从政治上、思想上、组织上全面彻底地改造中国共产

---

①《李大钊全集》第 3 卷，人民出版社 2013 年版，第 51 页。
②《李大钊全集》第 4 卷，人民出版社 2013 年版，第 248 页。
③《瞿秋白文集》第 4 卷，人民出版社 2013 年版，第 408 页。

党，要完全遵照共产国际的决议和指示执行实际工作，"对于共产国际，要铁一般的忠实"①。王明作为留苏学生，系统学习过马克思列宁主义理论，在谈话写作中动辄引经据典，显示出相当高的马克思主义理论素养，俨然一副马克思列宁主义理论权威的形象。然而，王明只"擅长"理论，却"从未做过中国党的工作"，"也不参加党的实际工作"，所以他不可避免地陷入"左"倾教条主义错误之中，给中国革命造成了巨大曲折和危害。在革命路线上，王明坚持"城市中心论"，认为必须采取进攻路线，组织领导工人阶级开展经济斗争、准备总同盟罢工以及武装起义，先在一省或几省取得胜利然后争取全国范围内的胜利。王明把马克思主义教条化、把共产国际指示和苏联经验神圣化的做法完全脱离了中国实际，使中国革命事业遭到严重挫折，几乎断送了中国革命的前途。

针对王明的"左"倾教条主义错误，以毛泽东为代表的中国共产党人从革命斗争失败的教训中深刻地认识到，中国的特殊国情决定了绝不能以教条主义的观点来对待马克思列宁主义，对于未来的发展和变化，马克思主义者只应该也只能说出个大的方向，不应该也不可能做出机械的规定，中国必须从自身实际出发，实现马克思主义中国化，探寻属于自己的社会主义道路。正是沿着这一方向，1928 年，毛泽东在全面分析和把握中国历史状况和社会状况、中国革命的特点以及中国革命的规律的基础上，先后完成了《中国的红色政权为什么能够存在？》《井冈山的斗争》两篇文章，第一次把武装斗争、建立政权和深入开展土地革命结合在一起，提出了"工农武装割据"的思

---

①《建党以来重要文献选编（1921—1949）》第 8 册，中央文献出版社 2011 年版，第 24 页。

想。1930 年 1 月，毛泽东又利用难得的战斗间隙，在古田赖坊一家店铺的阁楼上，秉烛夜书，写下一封长信，即后来的《星星之火，可以燎原》。在信中，毛泽东直奔主题地说道，那种"全国范围的、包括一切地方的、先争取群众后建立政权的理论，是于中国革命的实情不适合的"，只有"红军、游击队和红色区域的建立和发展"，"才是半殖民地中国在无产阶级领导之下的农民斗争的最高形式"，才是"促进全国革命高潮的最重要因素"。① 由此，中国共产党明确了以农村为中心的革命路线，明确了建立小块红色政权是夺取全国政权和革命胜利的必要条件与必经之路，辨明了城市斗争和农村斗争的关系，形成了农村包围城市、武装夺取政权的革命道路理论。为了使全党进一步从教条主义中解放出来，1938 年 9 月，中国共产党召开了六届六中全会，毛泽东代表党中央作了《论新阶段》的政治报告，明确提出"使马克思主义在中国具体化"科学命题，指出"马克思主义必须和我国的具体特点相结合并通过一定的民族形式才能实现。马克思列宁主义的伟大力量，就在于它是和各个国家具体的革命实践相联系的。对于中国共产党说来，就是要学会把马克思列宁主义的理论应用于中国的具体环境，成为伟大中华民族的一部分，而和这个民族血肉相连的共产党员，离开中国特点来谈马克思主义，只是抽象的空洞的马克思主义。因此，使马克思主义在中国具体化，使之在其每一表现中带着必须有的中国的特性，即是说，按照中国的特点去应用它"②。这段话道出了中国共产党人对待马克思列宁主义的科学态度，即：既要善于运用马克思列宁主义的立场、观点和方法，善于从俄国社会主义革

---

① 《毛泽东选集》第 1 卷，人民出版社 1991 年版，第 98 页。
② 《毛泽东选集》第 2 卷，人民出版社 1991 年版，第 534 页。

命中汲取经验，同时更应该认真研究中国的历史实际和革命实际，对马克思列宁主义进行合乎中国需要的理论性创造。

经过长期的理论探索和革命实践，以毛泽东为代表的中国共产党人创造性地解决了马克思列宁主义同中国革命实际相结合的一系列重大问题，深刻分析了中国社会形态和各阶级状况，弄清了中国革命的性质、对象、任务、动力，提出了通过新民主主义革命走向社会主义的"两步走"战略，制定了新民主主义革命总路线，探索出一条农村包围城市、武装夺取政权的革命道路，丰富和发展了马克思主义无产阶级革命理论。沿着这条正确道路，我们党团结带领人民进行了28年浴血奋战，完成了新民主主义革命，建立了人民民主专政的新中国。新中国的成立彻底结束了旧中国半殖民地半封建社会的历史，彻底结束了旧中国一盘散沙的局面，彻底废除了列强强加给中国的不平等条约和帝国主义在中国的一切特权，彻底推翻了压在中国人民头上的帝国主义、封建主义、官僚资本主义三座大山，实现了中国从几千年的封建专制政治向人民民主的伟大飞跃。历史与实践证明，在"诸路皆走不通"的情况下，是社会主义拯救了中国，结束了中华民族百年来一直走下坡路的命运。早期马克思主义者强调中国的出路只能是实行社会主义，是完全正确的，只有社会主义才能救中国。当然，我们的社会主义革命道路不是照抄照搬"俄国的路"，而是走自己的路，也就是农村包围城市的道路。坚持走自己的路是中国共产党领导的中国革命胜利的根本保证，也是革命成功的最宝贵的经验。在这一原则的指导下，中华民族找到了一条正确的出路，完成了中华民族有史以来最为广泛而深刻的社会变革，为中国的一切发展进步奠定了根本政治前提和制度基础，为中国发展富强、中国人民生活富裕奠定了坚实基础。正是沿着社会主义方向，毫不动摇地坚持走自己的路，中国道路才最终得以开辟形成，而且"既有各国现代化的共同特征，更有基于自己国情的中国特色"①。

## 第三节　国富民强与民族复兴是中国道路的前进方向

新中国成立后，整个中华大地可谓是百废待兴，再加上资本主义国家的仇视敌对政策和封锁禁运措施，中国面临着极为严峻的困难和考验。据统计，1949 年新中国成立初期，与历史最高年份相比，工业总产值减少 50％，其中重工业减少 70％，轻工业减少 30％，煤炭产量减少 48％，钢铁产量减少 80％以上，粮食产量减少近 25％，棉花产量减少 48％。农业减产、工厂倒闭、交通梗阻、物资匮乏、物价飞涨、失业人口众多，在这种情况下，先进的中国共产党人清醒地认识到，"如果我们不建设起强大的现代化的工业、现代化的农业、现代化的交通运输业和现代化的国防，我们就不能摆脱落后和贫困，我们的革命就不能达到目的"②。新生的人民政权究竟能不能站得住脚，中国共产党究竟能不能带领中国人民实现国家富强和人民幸福，国内国

① 习近平：《高举中国特色社会主义伟大旗帜　为全面建设社会主义现代化国家而团结奋斗——在中国共产党第二十次全国代表大会上的报告》，人民出版社 2022 年版，第 22 页。

② 《周恩来选集》下，人民出版社 1984 年版，第 132 页。

外都在等待着答案。

　　对于当时经济文化落后、人口众多、发展极不平衡的新中国而言，建设社会主义绝非是件易事。怎样建设社会主义，怎样巩固和发展社会主义，中国共产党人没有丝毫经验可言，也没有现成的道路可循。正如毛泽东在接受美国记者埃德加·斯诺采访时所说的："对于政治、军事，对于阶级斗争，我们有一套经验，有一套方针、政策和办法；至于社会主义建设，过去没有干过，还没有经验。"① 加之当时美苏两极对立的严峻的国际格局，向苏联学习成了中国维护国家安全、加快恢复国民经济的必然选择。对于这一点，毛泽东指出："严重的经济建设任务摆在我们面前。我们熟悉的东西有些快要闲起来了，我们不熟悉的东西正在强迫我们去做。这就是困难。帝国主义者算定我们办不好经济，他们站在一旁看，等待我们的失败。我们必须克服困难，我们必须学会自己不懂的东西。我们必须向一切内行的人们（不管什么人）学经济工作。拜他们做老师，恭恭敬敬地学，老老实实地学。不懂就是不懂，不要装懂。不要摆官僚架子。钻进去，几个月，一年两年，三年五年，总可以学会的。苏联共产党人开头也有一些人不大会办经济，帝国主义者也曾等待过他们的失败。但是苏联共产党是胜利了，在列宁和斯大林领导之下，他们不但会革命，也会建设。他们已经建设起来了一个伟大的光辉灿烂的社会主义国家。苏联共产党就是我们的最好的先生，我们必须向他们学习。"② 1950 年 2月，毛泽东出访苏联回国后再次强调了向苏联学习，"苏联经济文化

---

　　①《毛泽东文集》第 8 卷，人民出版社 1999 年版，第 301 页。
　　②《毛泽东选集》第 4 卷，人民出版社 1991 年版，第 1480—1481 页

及其他各项重要的建设经验，将成为新中国建设的榜样"①，"为了使
我国变为工业国，我们必须认真学习苏联的先进经验。苏联建设社会
主义已经有四十年了，它的经验对于我们是十分宝贵的"②。通过向苏
联学习，中国采取了优先发展重工业的发展战略并逐渐形成了高度集
中的计划经济体制，这种高度集中的计划经济体制把当时中国有限的
资源充分集中调动了起来，促进了中国经济社会的快速发展。在苏联
援建的 156 项重点工程、694 个大中型项目的基础上，中国快速建成
了一批门类比较齐全的基础工业项目，涉及冶金、汽车、机械、煤
炭、石油、电力、通讯、化学、国防等领域，建立起了比较完整的工
业体系和国民经济体系。通过向苏联学习，我们取得了社会主义建设
的伟大成就。到了 1956 年，我们的社会主义建设已经有了几年实践
经验，而此时苏共二十大的召开又使苏联模式的弊端充分暴露了出
来，其重政治轻经济、重工轻农、重重工轻轻工、重军工轻民用、重
计划轻市场、重速度轻效益、重积累轻消费、重国家和集体利益轻个
人利益的发展模式再也难以维持下去。在这种情况下，中国共产党人
决定以苏为鉴，探索一条适合中国状况的社会主义建设道路，开启马
克思主义同中国实际的"第二次结合"。1956 年 4 月，毛泽东在各
省、自治区、直辖市党委书记参加的中央政治局扩大会议上，发表了
《论十大关系》的讲话。他指出，"最近苏联方面暴露了他们在建设
社会主义过程中的一些缺点和错误，他们走过的弯路，你还想走？过
去我们就是鉴于他们的经验教训，少走了一些弯路，现在当然更要引

---

①《毛泽东年谱（一九四九—一九七六）》第 1 卷，中央文献出版社 2013 年版，第 95 页。
②《毛泽东文集》第 7 卷，人民出版社 1999 年版，第 242 页。

以为戒"①，"我们的方针是，一切民族、一切国家的长处都要学……但是，必须有分析有批判地学，不能盲目地学，不能一切照抄，机械搬用"②，因此必须"开始提出我们自己的建设路线，原则和苏联相同，但方法有所不同，有我们自己的一套内容"③。到了1957年9月，在中共八届三中全会上，毛泽东又提出，"我们学习苏联，要包括研究它的错误，研究了它错误的那一面，就可以少走弯路"，只有把苏联走过的弯路避开了，我们才能比苏联搞的速度更快一点，质量更好一点，"应当争取这个可能"。④《论十大关系》的发表，标志着中国共产党人对中国社会主义建设道路的探索开始形成一个初步然而又是比较系统的思路。此后，毛泽东在总结新中国成立后的历史经验时，仍然把它看作是一个转折。毛泽东1960年在《十年总结》一文中说，"前八年照抄外国的经验。但从一九五六年提出十大关系起，开始找到自己的一条适合中国的路线"⑤，从那时起，中国迈上了探索一条正确的社会主义建设道路的新征程。

然而，由于深受苏联社会主义模式中单一的公有制实现方式以及高度集中统一的计划经济体制的影响，加上当时的中国共产党对于"什么是社会主义、怎样建设社会主义"这一根本问题尚认识不足，更缺乏充分的实践经验，所以在探索中国社会主义建设道路的过程中，出现了对社会主义建设局势的盲目乐观和错误判断。从1957年到1966年，中国发生了片面强调高速度、急躁冒进的"大跃进"以

---

① 《毛泽东文集》第7卷，人民出版社1999年版，第23页。
② 《毛泽东文集》第7卷，人民出版社1999年版，第41页。
③ 《毛泽东文集》第7卷，人民出版社1999年版，第369—370页。
④ 《建国以来重要文献选编》第10册，中央文献出版社1994年版，第605页。
⑤ 《建国以来重要文献选编》第13册，中央文献出版社1996年版，第418页。

及急于求成、过于求纯的人民公社化运动，主观愿望严重脱离了发展现实，给国家的发展和人民的生活造成了巨大损害。面对国家发展所出现的困难局面，以毛泽东为代表的中国共产党人及时发现了问题并认真进行调查研究，调整政策，纠正错误。1960 年 11 月，中共中央发出《关于农村人民公社当前政策问题的紧急指示信》，着手解决当时最为突出的农业和农村问题。1961 年 1 月，中共八届九中全会又提出"调整、巩固、充实、提高"八字方针，要求调整国民经济各方面的比例关系，加强农业和粮食生产，调减工业特别是钢铁生产指标，使工业发展建立在农业过关的基础上。适当提高和民生密切相关的农业和轻工业的发展速度，适当控制重工业，特别是钢铁工业的发展速度，同时缩小基本建设的规模，使国家建设和人民生活得到统筹兼顾、全面安排。要巩固国民经济发展中的成果，使其向纵深发展。要以少量的投资充实一些部门的生产能力，使其配套成龙，发挥更大的经济效果。要提高产品质量，增加产品品种，提高管理水平和劳动生产率。会上，毛泽东还号召全党大兴调查研究之风，搞一个实事求是年。会议一结束，毛泽东立即组织和指导三个调查组分赴浙江、湖南、广东三省农村进行调查，周恩来到河北邯郸等地调查，刘少奇、朱德、陈云、邓小平等中央领导同志也深入基层，调查了解实际情况，为扭转困难局面、开展全面调整准备了条件。到了 1962 年 1 月，为了更加深入全面地纠正"大跃进"以来我国社会主义建设中工作的失误，中共中央召开了扩大的中央工作会议，全国县委以上的各级党委主要负责人 7000 人参加了会议，因此这次大会又称"七千人大会"。大会上，以毛泽东为核心的党中央在充分总结经验教训的基础上指出，对于建设社会主义我们有很大的盲目性，今后要下苦功夫调查研究，弄清楚社会主义的建设规律。毛泽东还指出，要使中国赶上和超过世界上最先进的资本主义国家，没有一百多年的时间是不行的。要准备着由于盲目性而遭受到许多的失败和挫折，从而取得经验，取得最后的胜利。由这点出发，把时间设想得长一点，是有许多好处的，设想得短了反而有害。这意味着，先进的中国共产党人对于建设社会主义的长期性有了进一步的认识，开辟了中国共产党在经济、政治、外交、文化等各个领域探索如何建设社会主义的团结奋进新局面。

"七千人大会"结束后，中国开始对国民经济进行全面大幅度调整，各项社会主义建设事业开始恢复明显的健康发展势头。当国民经济调整工作取得巨大成就以后，1964 年底，以毛泽东为核心的党的第一代中央领导集体在三届全国人大一次会议上郑重提出"四个现代化"的历史任务，即"在不太长的历史时期内，把我国建设成为一个具有现代农业、现代工业、现代国防和现代科学技术的社会主义强国，赶上和超过世界先进水平"[1]。在此基础上，中央还提出了实现现代化的"两步走"战略构想：第一步，经过三个五年计划时期，建立一个独立的比较完整的工业体系和国民经济体系；第二步，全面实现农业、工业、国防和科学技术的现代化，使中国经济走在世界前列。"四个现代化"的提出指明了当时中国发展的方向，实现了对于建设社会主义现代化的初步探索，成为凝聚和团结全国各族人民不懈奋斗的强大力量。然而，随着 1966 年"文化大革命"的开始，"四个现代化的任务"没有被充分落实，中国的现代化进程在曲折中前进。

---

[1]《建国以来的重要文献选编》第 19 册，中央文献出版社 1998 年版，第 483 页。

从新中国成立到 1978 年，中国共产党领导中国人民在实现站起来的基础上，对适合中国国情的社会主义建设道路进行了艰辛探索，虽然经历了曲折发展，但对于一个成熟的马克思主义政党而言，经验和教训同样宝贵，正如恩格斯指出的，"伟大的阶级，正如伟大的民族一样，无论从哪方面学习都不如从自身所犯错误的后果中学习来得快"①。邓小平也多次强调，如果"没有'文化大革命'的教训，就不可能制定十一届三中全会以来的思想、政治、组织路线和一系列政策"②。尽管探索出现了曲折，但中国共产党为人民谋幸福、为中华民族谋复兴的初心始终如一，取得了独创性的理论成果和伟大成就，不仅建立了独立的、完整的工业体系和国民经济体系，使人民物质生活水平和精神文化水平得到提高，还在探索中形成了建设社会主义的若干重要原则，为开创中国特色社会主义提供了宝贵经验、理论准备和物质基础。据统计，从 1952 年到 1978 年，中国工农业总产值平均年增长率为 8.2%，按照不变价格计算，1952 年国内生产总值为 679 亿元人民币，1976 年增加到 2965 亿元人民币，人均国内生产总值也从 1952 年的 119 元增加到 1976 年的 319 元；粮食总产量从 1949 年的 2263.6 亿市斤增加到 1976 年的 5726.1 亿市斤，棉花总产量从 1949 年的 888.8 万担增加到 1976 年的 4110.9 万担，亩产量从 1949 年的 22 市斤增加到 1976 年的 56 市斤。从全国居民的人均消费水平来看，农民从 1952 年的 62 元增加到 1976 年的 131 元，城市居民同期从 154 元增加到 365 元。在全国人民节衣缩食支援国家工业化建设的情况下，占世界 1/4 人口的基本生活需求初步得到满足，在当时被全世界公认

---

① 《马克思恩格斯全集》第 22 卷，人民出版社 1965 年版，第 381 页。
② 《邓小平文选》第 3 卷，人民出版社 1993 年版，第 272 页。

为一个奇迹。

1978 年 12 月，党的十一届三中全会的召开拉开了中国改革开放和社会主义现代化建设的新序幕。1978 年 9 月，为了打破精神枷锁，酝酿对外开放和对各方面进行改革的社会主义建设新局面，邓小平先后赴东北三省以及河北、天津调研考察，一路上，他发表了许多重要观点，史称"北方谈话"。在北方谈话中，邓小平振聋发聩地指出，"我们太穷了，太落后了，老实说对不起人民"①，"穷社会主义"的说法荒谬至极，只有努力发展生产，提高人民的生活水平，才能体现社会主义的优越性。而我们之所以贫穷落后，很重要的一个原因就在于我们的国家体制，这个体制"基本上是从苏联来的，是一种落后的东西"②，因此必须重新思考体制问题。"我们过去照搬苏联搞社会主义的模式，带来很多问题。我们很早就发现了，但没有解决好。我们现在要解决好这个问题，我们要建设的是具有中国自己特色的社会主义"③，"要迅速地坚决地把工作重点转移到经济建设上来"④，"要一心一意搞建设"⑤。正是在这样的历史背景下，党的十一届三中全会果断停止使用"以阶级斗争为纲"的口号，决定从 1979 年 1 月起把全党的工作重心转移到社会主义现代化建设上来，并且指出实现四个现代化是一场广泛深刻的革命，必须采取一系列新的重大的经济举措，对经济管理体制和经营管理方法进行认真的改革，在自力更生的基础上积极发展同世界各国平等互助的经济合作。党的十一届三中全会的

①《邓小平思想年谱（一九七五——九九七）》，中央文献出版社 1998 年版，第 81 页。

②《邓小平思想年谱（一九七五——九九七）》，中央文献出版社 1998 年版，第 77 页。

③《邓小平文选》第 3 卷，人民出版社 1993 年版，第 261 页。

④《邓小平文选》第 3 卷，人民出版社 1993 年版，第 11 页。

⑤《邓小平文选》第 3 卷，人民出版社 1993 年版，第 10 页。

召开实现了新中国成立以来党的历史上最具有深远意义的伟大转折，是中国共产党的一次伟大觉醒，正是这个伟大觉醒，使得中国共产党对于"什么是社会主义、怎样建设社会主义"有了更深刻的认识，对中华民族的发展方向有了更深刻的把握，孕育了党从理论到实践的伟大创造。中国道路正是在这一系列伟大创造中逐渐发展起来的。

党的十一届三中全会以后，邓小平对中国的社会主义道路的性质、特点又做出了多方面阐释。1979 年 3 月，在会见英中文化协会执行委员会代表团时，邓小平明确提出，"我们的概念与西方不同，我姑且用个新说法，叫做中国式的四个现代化"①。3 月 30 日，邓小平又代表中共中央在北京召开的理论工作务虚会上发表了《坚持四项基本原则》的讲话，指出，"我们当前以及今后相当长一个历史时期的主要任务就是搞现代化建设。能否实现四个现代化，决定着我们国家的命运、民族的命运。社会主义现代化建设是我们当前最大的政治"②，"过去搞民主革命，要适合中国情况，走毛泽东同志开辟的农村包围城市的道路。现在搞建设，也要适合中国情况，走出一条中国式的现代化道路"③。中国式的现代化道路有自己的独特之处，它在思想政治上必须坚持四项基本原则，即必须坚持社会主义道路、坚持人民民主专政、坚持中国共产党的领导、坚持马列主义毛泽东思想。1979 年 12 月，在会见日本首相大平正芳时，邓小平再次指出："我们要实现的四个现代化，是中国式的四个现代化。我们的四个现代化概念，不是像你们那样的现代化的概念，而是'小康之家'。"到了

---

① 《邓小平思想年谱（一九七五—一九九七）》，中央文献出版社 1998 年版，第 111 页。
② 《邓小平思想年谱（一九七五—一九九七）》，中央文献出版社 1998 年版，第 115—116 页。
③ 《邓小平文选》第 2 卷，人民出版社 1994 年版，第 163 页。

1982 年，在党的十二大的开幕词中，邓小平明确提出"走自己的道路，建设有中国特色的社会主义"的重大崭新命题，明确了我国社会主义建设的根本问题和基本路径，回答了进入改革开放新时期后走什么样的道路这一全党和全国人民最关心的重大问题，使我们党的全部理论和实践探索都有了新的立足点。随着改革开放的展开与不断深入，中国共产党对中国社会主义发展战略的思考也不断走向成熟。1987 年 4 月，邓小平在会见西班牙外宾时提出了"三步走"的现代化战略设想。这一战略设想在党的十三大上得到了确认和全面阐发。党的十三大指出，党的十一届三中全会以后，我国经济建设的战略部署分三步走：第一步，实现国民生产总值比 1980 年翻一番，解决人民温饱问题，这个任务已经基本实现；第二步，到 20 世纪末，使国民生产总值再增长一倍，人民生活达到小康水平；第三步，到 21 世纪中叶，人均国民生产总值达到中等发达国家水平，人民生活比较富裕，基本实现现代化。"三步走"发展战略的提出，对中华民族百年振兴的宏伟目标作了积极而稳妥的规划，既体现了党和人民勇于进取的雄心壮志，又反映了从实际出发、遵循客观规律的科学精神，是中国共产党探索中国特色社会主义建设规律的重大成果。

伴随改革的推进，旧的计划经济体制逐渐解体，新的市场经济体制因素迅速成长。基于两种不同体制因素的新旧利益格局的冲突和摩擦日益加剧，人们开始对改革开放产生了不同看法，一些人用传统的社会主义的旧眼光质疑改革开放，中国的经济体制改革与对外开放实践面临严重的困境。站在中国社会主义现代化道路探索的不进则退的临界点上，站在中国改革开放事业何去何从的十字路口上，邓小平作为中国改革开放的总设计师，勇敢地站了出来。1992 年 1 月 18 日至 2

月 21 日，他先后视察了武昌、深圳、珠海、上海等地，发表了重要的南方谈话。在谈话中，邓小平指出，"我们搞社会主义才几十年，还处在初级阶段。巩固和发展社会主义制度，还需要一个很长的历史阶段，需要我们几代人、十几代人，甚至几十代人坚持不懈地努力奋斗，决不能掉以轻心"①。这个时候，"不改革开放，不发展经济，不改善人民生活，只能是死路一条"②，同时"改革开放的胆子要大一些，要敢于试验，看准了的，就大胆地试，大胆地闯"③。在谈到创办经济特区问题时，邓小平说，"对办特区，从一开始就有不同意见，担心是不是搞资本主义。深圳的建设成就，明确回答了那些有这样那样担心的人，特区姓'社'不姓'资'。""计划多一点还是市场多一点，不是社会主义与资本主义的本质区别。计划经济不等于社会主义，资本主义也有计划；市场经济也不等于资本主义，社会主义也有市场。"因此，"计划和市场都只是经济手段，社会主义的本质，是解放生产力，发展生产力，消灭剥削，消除两极分化，最终达到共同富裕"④。邓小平的南方谈话从理论上深刻回答了长期困扰和束缚人们思想的许多重大问题，为推动中国特色社会主义事业的进一步发展提供了保证。

党的十三届四中全会以来，以江泽民同志为主要代表的中国共产党人，团结带领全党全国各族人民，坚持党的基本理论、基本路线，在国内外形势十分复杂、世界社会主义出现严重曲折的严峻考验面前，捍卫中国特色社会主义，坚持中国特色社会主义道路，依据新的

---

①《邓小平文选》第 3 卷，人民出版社 1993 年版，第 379－380 页。

②《邓小平文选》第 3 卷，人民出版社 1993 年版，第 370 页。

③《邓小平文选》第 3 卷，人民出版社 1993 年版，第 372 页。

④《邓小平文选》第 3 卷，人民出版社 1993 年版，第 373 页。

实践确立党的基本纲领、基本经验，确立社会主义市场经济体制的改革目标和基本框架，确立社会主义初级阶段的基本经济制度和分配制度，开创全面改革开放新局面，推进党的建设新的伟大工程，成功把中国特色社会主义推向 21 世纪。进入 21 世纪，以胡锦涛同志为主要代表的中国共产党人，在新的历史起点上坚持和发展中国特色社会主义。党的十七大首次对中国特色社会主义理论体系作了概括，指出中国特色社会主义道路就是在中国共产党领导下，立足基本国情，以经济建设为中心，坚持四项基本原则，坚持改革开放，解放和发展生产力，巩固和完善社会主义制度，建设社会主义市场经济、社会主义民主政治、社会主义先进文化、社会主义和谐社会，建设富强、民主、文明、和谐的社会主义现代化国家。

党的十八大以来，我国全面建设小康社会进入决战阶段，为了确保到 2020 年全面建成小康社会，必须付出更加艰苦的努力。站在新的历史坐标上，以习近平同志为核心的党中央以"不动摇、不懈怠、不折腾"的精神和"顽强奋斗、艰苦奋斗、不懈奋斗"的斗志，团结带领全国各族人民沿着中国特色社会主义道路把中华民族伟大复兴事业推向了前所未有的新高度。2012 年 11 月，习近平总书记在参观"复兴之路"展览时首次提出并阐释了实现中华民族伟大复兴的中国梦。他指出，实现中华民族伟大复兴就是中华民族近代以来最伟大的梦想。中华民族的昨天可以说是"雄关漫道真如铁"，近代以后，中华民族遭受的苦难之重、付出的牺牲之大，在世界历史上都是罕见的。但是，中国人民从不屈服，不断奋起抗争，终于掌握了自己的命运，开始了建设自己国家的伟大进程。中华民族的今天正可谓"人间正道是沧桑"。改革开放以来，我们总结历史经验，不断艰辛探索，终于找到了实现中华民族伟大复兴的正确道路，取得了举世瞩目的成果。这条道路就是中国特色社会主义。中华民族的明天可以说是"长风破浪会有时"，经过鸦片战争以来180多年的持续奋斗，中华民族伟大复兴展现出光明的前景。现在，我们比历史上任何时期都更接近中华民族伟大复兴的目标，比历史上任何时期都有信心、有能力实现这个目标。中国梦的核心内涵是中华民族伟大复兴，本质是国家富强、民族振兴、人民幸福。实现中国梦必须走中国道路，这就是中国特色社会主义道路。

2012年11月，中国共产党第十八次全国代表大会隆重召开。党的十八大不仅突出地强调"道路关乎党的命脉，关乎国家前途、民族命运、人民幸福"[①]，而且对如何坚持和发展中国道路这个问题作出了深刻系统的阐述。怎样走好中国道路，核心问题就是两个，一是怎样坚持，一是怎样发展。对此，党的十八大报告作了很好的阐述。在坚持方面，党的十八大提出了"不动摇、不懈怠、不折腾"的科学原则，即要以无比坚定的"道路自信、理论自信、制度自信"，"既不走封闭僵化的老路，也不走改旗易帜的邪路"；在发展方面，党的十八大指出建设中国特色社会主义，总依据是社会主义初级阶段，总体布局是五位一体，总任务是实现社会主义现代化和中华民族伟大复兴。所谓"五位一体"总体布局，指的是要全面推进经济建设、政治建设、文化建设、社会建设、生态文明建设，实现以人为本、全面协调可持续的科学发展。

2013年，以习近平同志为核心的党的中央领导集体全面研究分析

①《十八大以来重要文献选编》上，中央文献出版社2014年版，第8页。

了我国社会主义现代化建设的新形势，作出了我国经济发展进入新常态的重大判断。在新常态下，我国经济发展的主要特点是：增长速度从高速转向中高速，发展方式从规模速度型转向质量效率型，经济结构调整从增量扩能为主转向调整存量、做优增量并举，发展动力从主要依靠资源和低成本劳动力等要素投入转向创新驱动。为了适应新常态，2014 年 11 月，习近平总书记到福建考察调研时提出了"协调推进全面建成小康社会、全面深化改革、全面推进依法治国进程"的战略布局，指明了新时期中国特色社会主义建设事业的关键环节、重点领域与主攻方向。2014 年 12 月，习近平总书记在江苏调研时则将"三个全面"上升到了"四个全面"，即要"协调推进全面建成小康社会、全面深化改革、全面推进依法治国、全面从严治党，推动改革开放和社会主义现代化建设迈上新台阶"。2015 年 2 月，习近平总书记在省部级主要领导干部学习贯彻十八届四中全会精神全面推进依法治国专题研讨班开班式上的讲话中，明确将"四个全面"定位为"战略布局"。"四个全面"战略布局紧紧抓住了中国特色社会主义建设事业中根本性、全局性、紧迫性的重大问题，擘画了推进改革开放和现代化建设的顶层设计，集中体现了党和国家事业长远发展的战略目标和举措，是党在新时代把握我国发展新特征确定的治国理政新方略。通过统筹推进"五位一体"总体布局和"四个全面"战略布局，十八大以来中国办成了许多过去想办而没有办成的大事，解决了许多长期想解决而没有解决的难题，中国特色社会主义建设取得了历史性成就。

新时代，我国社会主要矛盾已经转化为人民日益增长的美好生活需要和不平衡不充分的发展之间的矛盾，久经磨难的中华民族迎来了从站起来、富起来到强起来的伟大飞跃，迎来了实现中华民族伟大复兴的光明前景。在此基础上，党的十九大明确了全面建设社会主义现代化强国的战略安排：在 2020 年全面建成小康社会的基础上，到 2035 年基本实现社会主义现代化，到 2050 年建成富强民主文明和谐美丽的社会主义现代化强国。"两步走"战略安排完整勾画了我国社会主义现代化建设的时间表、路线图。2021 年 2 月，在迎来中国共产党成立 100 周年的重要时刻，我国脱贫攻坚战取得了全面胜利，现行标准下 9899 万农村贫困人口全部脱贫，832 个贫困县全部摘帽，12.8 万个贫困村全部出列，区域性整体贫困得到解决，解决了困扰中华民族几千年的绝对贫困问题，创造了人类减贫史上的奇迹。消除绝对贫困是全面建成小康社会的底线任务，也是全面小康最具有标志性的指标。在此基础上，2021 年 7 月 1 日，在庆祝中国共产党成立 100 周年大会上，习近平总书记向全世界郑重宣告，"经过全党全国各族人民持续奋斗，我们实现了第一个百年奋斗目标，在中华大地上全面建成了小康社会，历史性地解决了绝对贫困问题，正在意气风发向着全面建成社会主义现代化强国的第二个百年奋斗目标迈进"[1]。经过新中国成立以来特别是改革开放以来的不懈奋斗，我国的经济实力、科技实力、综合国力和人民生活水平跃上了新的大台阶，成为世界第二大经济体、第一大工业国、第一大货物贸易国、第一大外汇储备国，国内生产总值超过 100 万亿元，人均国内生产总值超过 1 万美元，城镇化率超过 60 ％，中等收入群体超过 4 亿人。随着小康社会的全面建成，绝对贫困问题得到了历史性解决，这在我国社会主义现代化建设进程

① 习近平：《在庆祝中国共产党成立 100 周年大会上的讲话》，人民出版社 2021 年版，第 2 页。

中具有里程碑意义。习近平总书记指出："就现实依据来讲，我们已经拥有开启新征程、实现新的更高目标的雄厚物质基础。"① 有了这种坚实基础，中国特色社会主义的航船一定能够乘风破浪、行稳致远，全面建成社会主义现代化强国的目标一定能够如期实现。

从新中国成立到改革开放再到进入新时代，中国共产党在不断践行为中国人民谋幸福、为中华民族谋复兴的初心和使命中开辟出了独具中国特色的社会主义建设之路，并在回答"什么是社会主义、怎样建设社会主义""建设什么样的党、怎样建设党""实现什么样的发展、怎样发展""新时代坚持和发展什么样的中国特色社会主义、怎样坚持和发展中国特色社会主义"一系列重大理论和实践问题中使中国特色社会主义道路不断获得发展和完善。事实证明，人类历史上没有一个民族、一个国家可以通过依赖外部力量、照搬外国模式、跟在他人后面亦步亦趋地实现强大和振兴，必须探索出一条符合本国国情的正确道路，坚定不移走自己的路。中国道路是一条独立自主的理论创新和实践创造之路。新中国成立以来，尤其是改革开放后党领导人民取得的辉煌成就，已经证明中国特色社会主义道路不仅走得对、走得通，而且走得稳、走得好。随着中国共产党初心使命的不断坚守和践行，中国道路一定会越走越宽广、越走越成功。

---

① 习近平：《把握新发展阶段，贯彻新发展理念，构建新发展格局》，《求是》2021 年第 9 期。

# 第二章

# 中国道路凝聚中国力量

作为历史和人民的选择，中国道路之所以能够发展中国、繁荣中国、振兴中国，关键在于它有一个强有力的领导核心——中国共产党，有了14亿中华儿女最广泛的支持和拥护，从而汇聚起了万众同心的磅礴力量。在中国共产党的领导下，全国各族人民以"一张蓝图绘到底"的干劲和"咬定青山不放松"的韧劲，一代又一代地朝着实现中华民族伟大复兴这一伟大梦想砥砺前进着，把社会主义建设这项伟大事业不断推向一个又一个高峰，使中国实现了从积贫积弱的"泥足巨人"到巍巍"东方巨轮"的百年巨变，也使得中华民族伟大复兴中国梦的实现展现出无比灿烂的前景。

## 第一节　坚持党的领导，凝聚奋进伟力

任何一项伟大的事业都少不了一个强大的领导核心，中国的民族解放和国家振兴更是如此。在中国共产党诞生之前，中国的各个阶级以及无数仁人志士不屈不挠、前仆后继，进行了可歌可泣的斗争和各种各样的尝试，然而终究没有改变旧中国的社会性质和中国人民的悲惨命运。面对这种情况，毛泽东指出，中国"既要革命，就要有一个革命党。没有一个革命的党，没有一个按照马克思列宁主义的革命理论和革命风格建立起来的革命党，就不可能领导工人阶级和广大人民群众战胜帝国主义及其走狗"①。于是，在旧式的农民战争走到尽头，不触动封建根基的自强运动和改良主义屡屡碰壁，资产阶级革命派领导的革命和西方资本主义的其他种种方案纷纷破产的时候，一个以马克思主义为指导、勇担民族复兴历史大任、必将带领中国人民创造人间奇迹的马克思主义政党——中国共产党应运而生了。从此，中国人民和中华民族有了主心骨，中国特色社会主义事业有了压舱石，中国共产党成为团结带领人民攻坚克难、开拓前进最可靠的领导力量。

1921年7月23日，在上海法租界望志路106号（今兴业路76号），中国共产党第一次全国代表大会正式开幕。来自北京的张国焘、刘仁静，上海的李汉俊、李达，长沙的毛泽东、何叔衡，武汉的董必

---

① 《毛泽东选集》第4卷，人民出版社1991年版，第1357页。

武、陈潭秋，济南的王尽美、邓恩铭，广州的陈公博，留日学生周佛海以及陈独秀委派的包惠僧，代表全国 50 多名党员参加了会议。大家围坐在长桌四周，室内没有特别布置，陈设十分简单，但气氛却特别庄重。代表们首先商讨了会议的任务和议题，一致确定先由各地代表报告本地工作，再讨论并通过党的纲领和今后工作计划，最后选举中央领导机构。7 月 24 日举行第二次会议，各地代表分别报告了本地区党团组织的状况和工作进程并交流了经验体会。25、26 日休会，用于起草党的纲领和今后工作计划。27、28 和 29 日三天，分别举行三次会议，集中讨论此前起草的纲领和决议，大家各抒己见，讨论热烈，达成了很多的统一认识。7 月 30 日晚，一大举行第六次会议，原定议题是通过党的纲领和决议，选举中央机构，但刚开始几分钟，法租界巡捕房密探就突然闯入，会议被迫中断。虽然这次冲击没有带来什么重大损失，但一大已经不能再在原址进行了。在这种情况下，当时在场的李达夫人王会悟提出：不如到我的家乡嘉兴南湖开会，离上海很近，又易于隐蔽。对于这个提议，大家都赞成，觉得这样安排很妥当。于是，代表们分两批乘火车前往嘉兴，一大会议在事先租好的南湖画舫上继续进行。南湖会议继续着上海 30 日未能进行的议题，讨论并通过了共计 15 条约 700 字的中国共产党的第一个纲领，确定党的名称为"中国共产党"，规定党的纲领是：革命军队必须与无产阶级一起推翻资本家阶级的政权；承认无产阶级专政，直到阶级斗争结束，即直到消灭社会的阶级区分；消灭资本家私有制，没收机器、土地、厂房和半成品等生产资料，归社会公有；联合共产国际。纲领明确提出要把工人、农民和士兵组织起来，并确定党的根本政治目的是实行社会革命。

作为一个以马克思主义为指导思想的无产阶级政党，中国共产党自成立的那天起，就高高地举起了马克思主义的旗帜，把马克思主义作为自己的行动指南，并且一路走来，无论是处于顺境还是逆境，始终都没有动摇过对马克思主义的信仰。"对马克思主义的信仰，对社会主义和共产主义的信念，是共产党人的政治灵魂，是共产党人经受住任何考验的精神支柱。"①马克思主义作为无产阶级和全人类解放的学说，不仅科学揭示了自然界、人类社会以及人类思维发展的普遍规律，更是第一次从科学角度解答了共产主义必然到来的原因，把消灭私有制、消灭剥削和压迫，建立共产主义以及实现全人类的解放和自由全面发展作为最高目标。在《共产党宣言》中，马克思和恩格斯明确指出，共产党人从来不屑于隐瞒自己的观点和意图，而是公开宣布"我们的目的是要建立社会主义制度"和"实现共产主义"。在《哥达纲领批判》中，马克思和恩格斯更是把构建一个"各尽所能、按需分配"的新的制度形式作为自己的奋斗目标。因此，马克思主义的本质是人民的理论，代表的是最广大人民群众的利益。在马克思主义的光辉旗帜下，中国共产党把人民的观点、人民的立场毫无保留地继承了下来并进一步发扬光大，"始终代表最广大人民根本利益"而"没有任何自己特殊的利益"，始终把人民群众摆在最高位置，与人民命运与共、生死相依。毛泽东在延安时期作的《为人民服务》演讲就明确指出："我们这个队伍完全是为着解放人民的，是彻底地为人民的利益工作的"，"中国人民正在受难，我们有责任解救他们，我们要努力奋斗"，"我们想到人民的利益，想到大多数人民的痛苦，我们为人

―――――――――

① 《习近平谈治国理政》第 2 卷，外文出版社 2017 年版，第 326 页。

民而死，就是死得其所"。[①] 1940 年，爱国华侨陈嘉庚回国考察，蒋介石准备了 8 万元的接待经费，而陈嘉庚到了延安后，毛泽东请他吃晚饭，桌上却只有白菜、咸萝卜干，外加一碗鸡汤。这碗鸡汤，还是邻居老大娘得知毛主席有远客特地送来的。后来，陈嘉庚在缅甸仰光华侨欢迎会上说："中国的希望在延安！"正是中国共产党这种扎根于人民的优良作风，使我们看到了中华民族的希望——一个政党的最高领导人与人民同甘共苦，人民还有什么理由不拥护呢，还有什么困难战胜不了呢？

为了实现好、维护好、发展好人民群众的根本利益，中国共产党义无反顾地肩负起实现中华民族伟大复兴的历史使命，把实现共产主义确定为自己的最高理想和最终目标，做到了实现中华民族伟大复兴的民族国家历史使命与共产主义的世界历史远大使命的有机统一。中国共产党成立以来，从石库门到天安门，从兴业路到复兴路，我们党所付出的一切努力、进行的一切斗争、做出的一切牺牲，都是为了践行为中国人民谋幸福、为中华民族谋复兴的初心使命。从土地革命战争时期党领导人民"打土豪、分田地"，满足广大农民的土地需求，到抗日战争时期赶走日本侵略者，实现民族独立和解放；从新中国成立彻底消灭剥削和压迫，推翻压在人民头上的三座大山，到完成社会主义改造实现社会主义公有制，改变一穷二白的国家面貌；从改革开放建立社会主义市场经济体制，满足人民日益增长的物质文化需要，到进入新时代开创社会主义现代化建设新境界，创造人民美好生活，这一切都是中国共产党胸怀共产主义理想，坚持一切为了人民的生动

---

① 《毛泽东选集》第 3 卷，人民出版社 1991 年版，第 1004—1005 页。

体现，中国共产党以实际行动兑现了对人民的庄严承诺。

　　马克思主义作为科学真理，虽然具有普遍的指导意义，但由于不同国家的国情不同、历史文化背景也不同，因此坚持以马克思主义为指导并不意味着要将其教条化，不能将中国的社会主义建设变成简单套用马克思主义经典作家设想的模板。马克思主义所提供给我们的"整个世界观不是教义，而是方法。它提供的不是现成的教条，而是进一步研究的出发点和供这种研究使用的方法"①。因此，必须将马克思主义的普遍真理与中国社会主义建设具体实践相结合，在理论与实践、主观和客观的统一中得出适合中国国情的社会主义建设方案，实现马克思主义中国化。对于这一点，毛泽东在《论新阶段》中明确指出："离开中国特点来谈马克思主义，只是抽象的空洞的马克思主义。因此，使马克思主义在中国具体化，使之在其每一表现中带着必须有的中国的特性，即是说，按照中国的特点去应用它，成为全党亟待了解并亟须解决的问题。"② 在这一原则的指导下，中国共产党在不同的历史时期，在中国社会主义发展的各个阶段，总是坚持运用马克思主义来观察、解读和引领时代，同时根据鲜活丰富的当代中国具体实践来发展马克思主义，在理论上不断拓展新视野、作出新概括，不断开辟马克思主义与中国特色社会主义建设新境界。近代以来，中国共产党带领中国人民首先围绕"站起来"进行了艰苦卓绝的探索，从南湖红船到八一枪声，从井冈号角到长征壮歌，从抗日烽烟到建国大业，最终形成了伟大的毛泽东思想；新中国成立以后特别是改革开放以来又围绕"富起来"进行了伟大实践，形成了邓小平理论、"三个代

①《马克思恩格斯全集》第39卷，人民出版社1974年版，第406页。
②《毛泽东选集》第2卷，人民出版社1991年版，第534页。

表"重要思想和科学发展观；进入新时代又围绕"强起来"继续奋斗，聆听时代声音，回应时代呼唤，创立了习近平新时代中国特色社会主义思想。百年征程上，中国共产党团结带领中国人民以"为有牺牲多壮志，敢教日月换新天"的大无畏气概，书写了中华民族几千年历史上最恢宏的史诗，实现了马克思主义中国化的一次又一次伟大飞跃，让21世纪中国的马克思主义更加旗帜鲜明。

在马克思主义的指导下，在不断推进马克思主义中国化的进程中，中国共产党坚定不移地践行着以人民为中心、为人民谋幸福的价值理念，实现了从建党的开天辟地，到新中国成立的改天换地，到改革开放的翻天覆地，再到党的十八大以来党和国家事业取得历史性成就、发生历史性变革的惊天动地。由于中国共产党始终代表人民利益、反映人民愿望、维护人民权益、增进人民福祉，因此她赢得了人民群众的广泛信任和坚决支持，其领导的中国特色社会主义事业成为亿万中国人民自己的事业。中国共产党及其树立的马克思主义伟大旗帜仿佛是一盏明灯，改变了过去中国社会一盘散沙的旧模样，给渴望国家走向富强、民族走向振兴、人民生活幸福的中国人民指明了前进方向，让人们有所指望、有所趋赴，所有人都沿着由中国共产党所开辟的道路，朝着马克思主义所指明的方向心往一处想、劲往一处使、拧成一股绳，从而汇聚起前所未有的磅礴力量。从土地革命战争、抗日战争、解放战争起，中国社会的各阶层、各群体、各民族就紧密团结在中国共产党周围，结成最广泛的统一战线，陷军阀、日寇、国民党反动派于人民战争的汪洋大海，最终取得革命战争、民族解放战争的伟大胜利。到了社会主义建设时期，人民群众又凝心聚智，探索社会主义发展规律，逐步走出了一条富强、民主、文明、和谐、美丽的中国特色社会主义康庄大道。在全面建设社会主义现代化国家的新时代，14亿中华儿女更是勠力同心、发奋图强，全力谱写中国特色社会主义新的华丽篇章。

　　红船劈波行，精神聚人心。红船所代表和昭示的是时代高度，是发展方向，是奋进明灯，是铸就在中华儿女心中的永不褪色的精神丰碑，中国共产党作为中国特色社会主义事业的开拓者和领导者的光辉形象早已深深地镌刻在中国人民的内心深处，成为人民最可靠的主心骨和领路人。正因为得到了中国人民的信赖和拥护，中国共产党才能从1921年成立之初的50多名党员，快速发展到2021年底的9671.2万名党员，实现了从小到大、从弱变强的蜕变，成长为在世界上具有重大影响力的最大的马克思主义执政党，成为实现中华民族伟大复兴的中流砥柱。中国共产党以对马克思主义的坚定信仰，对中国特色社会主义的坚定信念和对人民群众的无比赤诚，迸发出无可比拟的凝聚力、领导力、号召力、组织力，朝着中国特色社会主义的方向不断开拓前进。"站立在960万平方公里的广袤土地上，吸吮着中华民族漫长奋斗积累的文化养分，拥有13亿中国人民聚合的磅礴之力，我们走自己的路，具有无比广阔的舞台，具有无比深厚的历史底蕴，具有无比强大的前进定力。"[1]

①《习近平谈治国理政》第2卷，外文出版社2017年版，第339页。

# 第二节　坚持人民主体，凝聚多元活力

中国特色社会主义作为人民的事业，不仅坚持一切为了人民，更要坚持一切依靠人民。正如习近平总书记指出的，"我们党来自人民、植根人民、服务人民，党的根基在人民、血脉在人民、力量在人民"①，必须"要贯彻群众路线，尊重人民主体地位和首创精神"。在马克思主义的理论中，人民是历史的创造者，是真正的英雄。社会历史是追求着自己目的的人的活动，在这种活动中，人民群众从来都不是消极的、被动的因素，而是主体。"历史活动是群众的事业，随着历史活动的深入，必将是群众队伍的扩大。"②波澜壮阔的中华民族发展史是中国人民书写的，博大精深的中华文明是中国人民创造的，历久弥新的中华民族精神是中国人民培育的，中华民族迎来了从站起来、富起来到强起来的伟大飞跃是中国人民奋斗出来的，人民群众是中国道路得以开辟的力量源泉和走向胜利的成功之本，是克服一切艰难险阻、从胜利走向胜利的坚实保障。

近代以来，中国的农民阶级和民族资产阶级之所以无法领导中国革命取得胜利，其中很重要的一个原因就在于没有充分发动人民群众，他们要么惧怕人民、蔑视人民，要么只是利用人民，一旦达到目的就将人民彻底抛弃。而中国共产党作为深深植根于人民的政党，从

---

① 《习近平谈治国理政》，外文出版社 2014 年版，第 367 页。

② 《马克思恩格斯全集》第 2 卷，人民出版社 1957 年版，第 104 页。

创立的那天起就深刻地认识到，无论是自身的发展壮大还是一切宏伟目标的实现，都永远离不开人民群众这片沃土，党只有永远把双脚踏在人民群众这片沃土上，永远从人民群众中汲取无穷的智慧和力量，我们的社会主义事业才能取得成功。正因如此，在新民主主义革命时期，毛泽东就提出，人民群众是真正的铜墙铁壁，是什么力量也打不破的，完全打不破的，只要依靠民众则一切困难都能够克服，任何强敌都能够战胜，一旦离开民众则将一事无成，共产党基本的一条，就是直接依靠广大人民群众。

1928 年，毛泽东在《中国的红色政权为什么能够存在》一文中写道，井冈山革命根据地从创立之日起，就处在了强大的"四围白色政权的包围中间"，一国之内，在反动势力的重重包围下，有一小块或若干小块红色政权的区域长期地存在，这是世界各国从来没有的事。为什么在如此艰难的环境中中国共产党领导的红色政权能够生存下去？中国共产党能够创造这种奇迹，关键就在于党始终和人民群众站在一起。人民群众不仅为红色政权提供物质供给，还帮助他们站岗、放哨、送信、抓敌人、探敌情。通过充分依靠群众、充分发动群众，中国的革命形势不仅转危为安，还保留了革命的火种并使得星星之火最终可以燎原。井冈山时期留给了我们最为宝贵的精神财富，其中一点就是必须依靠群众求胜利，只要把人民群众中蕴藏着的智慧和力量充分激发出来，就一定能够不断创造出令人刮目相看的奇迹。

抗日战争和解放战争中，人民群众作为历史创造者的主体性地位再次获得淋漓尽致的展现。1937 年，日本帝国主义发动全面侵华战争，中华民族到了最危险的时候。在这生死关头，中国共产党号召全国人民团结起来，筑成民族统一战线的坚固长城，共同抵抗日寇的侵略。亿万中国人民在中国共产党的带领下以惊人的胆略和无穷的智慧英勇抵抗、殊死斗争，他们大摆地雷阵，把侵略者炸得人仰马翻；他们依靠地道，把户与户相连、村与村相通，筑成一道道坚固的地下长城；他们创造了麻雀战、破击战、伏击战等，把敌人打得晕头转向、胆战心惊。山岗上，平原上，江河湖海和交通线上，到处都是歼灭敌人的战场，人民战争的汪洋大海把侵略者彻底淹没，胜利最终属于人民。到了解放战争时期，中国共产党更是紧紧依靠群众，获得了排山倒海的力量。淮海战役中，泗水县人民组织的运输团，有5892人参加，随军支前民工共15000余人，他们冒着枪林弹雨，日夜兼程，用小推车运送粮食、弹药、抢救伤员，征调粮食270多万斤，把衣服粮食送到前线，再把伤员转移到后方，"解放军打到哪就服务到哪"。对于这场胜利，陈毅曾形象地比喻："淮海战役的胜利，是人民群众用小车推出来的。"淮海战役动用的支前大小车辆共约88万辆，若把这些小车全部连在一起，能从北京到南京，并排排成两列。虽然那时中国共产党领导下的人民军队与敌人兵力差距较为悬殊，虽然我们的轻武器十分简陋、重武器严重匮乏，绝大部分士兵甚至没有见过军舰和战机，但仅用了3年时间，战争形势就发生了天翻地覆的变化，最终人民军队以摧枯拉朽之势夺取了三大战役的胜利。充分发动群众，壮大人民力量，是中国共产党克敌制胜的至上法宝。

通过贯彻党的群众路线，尊重人民首创精神，中国不仅取得了新民主主义革命的伟大胜利，更实现了社会主义建设和改革的巨大成就。在新中国成立之初，面对一穷二白的社会面貌，毛泽东感叹道，"现在我们能造什么？能造桌子椅子，能造茶碗茶壶，能种粮食，还能磨成面粉，还能造纸，但是，一辆汽车、一架飞机、一辆坦克、一辆拖拉机都不能造"①。因此，我们的任务不能仅仅停留在破坏一个旧世界上，更要建设一个新世界，而新世界绝不可能从天上掉下来，更不会在等、靠、要中实现，只能靠我们自己创造。我们不仅要在政治上实现独立自主，更要在生产上做到自力更生。在这种情况下，党和国家向全国各族人民发出迅速恢复和发展生产、"使中国稳步地由农业国转变为工业国"的号召，得到了工人、农民、知识分子等各个行业、各条战线、各个领域的热烈回应，人们以极高的生产热情投入到轰轰烈烈的社会主义建设之中，全国社会主义建设呈现出一片热火朝天的景象，留下一座又一座不朽的丰碑。

河南林县，一个太行山里的小县，曾经因为极度缺水而十分落后贫穷。为了彻底拔掉穷根子，1960 年，林县县委书记杨贵带领 3 万多名群众，抱着"定叫山河换新装"的决心汇集到晋冀豫三省交界的漳河边，誓死要在太行山的悬崖峭壁上开凿一条水渠，把漳河水引到林县去。经过 10 年奋战，林县人民一锤一钎战太行，一共削平了 1250 座山头，架起 152 个渡槽，修建了 12408 座各种建筑，硬是在崇山峻岭中凿出了一条 3000 公里的"人造天河"——红旗渠。林县人民用红旗渠创造了敢叫山河让路的伟大壮举，生动演绎了中国人民所具有的强大意志力和无穷创造力。除了红旗渠精神，大庆精神、铁人精神也是中国人民艰苦奋斗、开新篇闯新路的又一鲜明体现。新中国成立之初，我国工业化建设所需的石油超过 80％都要依靠进口，这严重制约了我国社会主义建设的进程和质量。为了甩掉"贫油"的帽子，以王进喜为代表的大庆石油人喊出了"宁肯少活二十年，拼命也要拿下

---

① 《建国以来重要文献选编》第 5 册，中央文献出版社 1993 年版，第 292 页。

大油田"的口号，在广阔的松辽平原上打响了一场艰苦卓绝、波澜壮阔的石油大会战。从 1960 年 4 月 29 日到 6 月 1 日，仅用了 1 个多月的时间，大庆油田生产的原油便汇入了我国石油工业的"大动脉"。1963 年，大庆探明了一个含油面积 800 多平方公里、地质储量 22.6亿吨的大油田，这是当时世界上为数不多的几个大油田之一。3 年的大庆石油大会战，从根本上改变了中国石油工业的面貌，中国终于把"贫油"的帽子甩进了太平洋。正是在以林县人民和大庆人民为代表的广大人民群众的拼搏奉献、勇毅前行中，新生的社会主义政权才迅速得到巩固，整个社会面貌焕然一新。

改革开放以来，中国人民所具有的创造伟力再次征服了世界。改革开放作为中国大踏步赶上世界潮流的重要法宝，在当时是一项前无古人的崭新事业。改革开放应该如何改？好的措施又当从何来？这绝不是靠少数几个人的脑筋就可以钻研出来的，只能从广大人民群众"摸着石头过河"的改革实践中一步步总结出来。我国的对内改革首先开始于农村，而农村的改革又是从农民自己创造的"大包干"即家庭联产承包责任制起步的。1978 年秋天，安徽遭遇特大旱灾，安徽省委、省政府决定允许生产队将部分耕地借给农民耕种。在这一应急政策带动下，1979 年 2 月，凤阳县小岗村的 8 户 21 位农民悄悄聚在一起，在一纸"分田到户"的合同上按下了鲜红的手印，实行农业"大包干"。在实行"大包干"后的第一年，小岗村迎来了大丰收，彻底结束了过去"泥巴房、泥巴床，泥巴囤里没有粮，一日三餐喝稀汤，正月出门去逃荒"的贫穷面貌，村民不仅吃饱了肚子，还给国家和集体上缴了粮食，一举结束了 20 多年吃国家救济粮的历史。看到这条路子后，全县 83 % 的生产队相继实行了"包干到户"责任制，之后这一做法迅速扩展到全国各地。当年 11 月，中央通过 75 号文件肯定了"包产到户"，之后连续发布文件对农村联产承包责任制经验进行总结提升和完善。随着农村改革进行得如火如荼，社会主义市场经济的大幕也在人民群众的实践中缓缓拉开。浙江义乌，改革开放前只是浙江中部一个人贫地瘠的农业小县。为了改善土壤，义乌人创造了一种"塞秧根"的施肥技术，即用塘泥、焦泥灰、鸡毛等做成团粒塞施秧根。这种施肥技术以吸收快、流失少、土壤改良效果好而被义乌人普遍采用。因此，以鸡毛为代表的畜禽毛成了一种重要而稀缺的肥料。由于土地贫瘠，义乌人种植粮食类作物很难获得丰收，反倒是种植甘蔗最为适宜，因此制糖业在义乌得到了长足发展，产量一直居浙江首位。义乌人把糖制成各式各样的产品，其中有一种叫"派皮糖"，也就是把糖煎粘成一个方块，用铁片轻轻一敲，即可取下，谓之"敲糖"，"敲糖帮"由此产生。"敲糖帮"在农忙之余肩挑货郎担、手摇拨浪鼓，走南闯北、走村串巷，做"鸡毛换糖"的小生意。后来义乌人发现，将换来的鸡毛等物全部用于"塞秧根"未免太可惜，于是他们把好的鸡毛加工成鸡毛掸子等各式小商品，再次用于交换。于是，"敲糖帮"的生意开始变得花样百出，兼卖针线等各种小商品。从此，依靠"鸡毛换糖"起步的义乌人用手摇拨浪鼓叩开了市场经济的大门，创造了从"一无所有"到"无中生有"再到现在"无所不有"的奇迹，快速从过去的农业县变成了"卖全球、买全球"的世界"小商品之都"和"全球最大的日用商品批发市场"。从小岗村村民签下"包产到户"的契约掀开改革大幕，到义乌人用"鸡毛换糖"的小商品成就大市场，"我们党提出的各项重大任务，没有一项不是依靠广大人民的艰苦努力来完成的"①。改革开放中每一个新生事物的产生和发展、每一个领域和环节的经验的创造和积累，无不来自亿万人民的智慧和实践。通过在实践中求真知、在探索中找规律，不断形成新经验、深化新认识、贡献新方案，人民群众以自己的无穷智慧和无尽的创造力为社会主义事业注入了不竭的动力，使我国的社会主义事业实现了从高度集中的计划经济体制到充满活力的社会主义市场经济体制、从封闭半封闭到全方位开放的历史性转变，实现了从生产力相对落后的状况到经济总量跃居世界第二的历史性突破，实现了人民生活从温饱不足到总体小康、奔向全面小康的历史性跨越，为实现中华民族伟大复兴提供了充满新活力的体制保证和快速发展的物质条件。

进入新时代，中国人民在中国共产党的带领下又打响了脱贫攻坚的决胜战与疫情防控的阻击战，全面夺取了经济社会发展和疫情防控的双胜利，实现了全面建成小康社会的第一个百年奋斗目标，塑造了中华民族伟大复兴征程上又一座重要的里程碑。贫困是人类社会的顽疾，一部中国史，就是一部中华民族同贫困作斗争的历史。从屈原"长太息以掩涕兮，哀民生之多艰"的感慨，到杜甫"安得广厦千万间，大庇天下寒士俱欢颜"的憧憬，再到孙中山"家给人足，四海之内，无一夫不获其所"的夙愿，都反映了中华民族对摆脱贫困、丰衣足食的深深渴望。为了彻底消灭贫穷，过上幸福美好生活，党的十八大以来，全党全国各族人民以及社会各方面的力量共同向贫困宣战，举国同心、合力攻坚，从35年坚守太行山的"新愚公"李保国到献

---

① 《改革开放三十年重要文献选编》上，中央文献出版社2008年版，第261页。

身教育扶贫、点燃大山女孩希望的张桂梅，从用实干兑现"水过不去，拿命来铺"誓言的黄大发到回乡奉献、谱写新时代青春之歌的黄文秀以及扎根脱贫一线、鞠躬尽瘁的黄诗燕，14 亿中华儿女以"万众一心加油干，越是艰险越向前"的干劲、拼劲最终啃下了最难啃的"硬骨头"，使得现行标准下 9899 万农村贫困人口全部脱贫，832 个贫困县全部摘帽，12.8 万个贫困村全部出列，区域性整体贫困得到解决，不仅完成了消除绝对贫困的艰巨任务，更是提前 10 年完成联合国 2030 年可持续发展议程的减贫目标，创造了人类减贫史上的奇迹。

2020 年，正当脱贫攻坚进入收官冲刺之际，突如其来的新型冠状病毒肺炎疫情给中国人民提出了新任务，带来了新挑战。面对凶猛的疫情，中国人民没有被吓到，形势越是逼人、越是严峻，英雄的中国人民就越是精神振奋、士气高涨。在疫情暴发的短短两个多月的时间内，中国人民用难以想象的能力和速度打完了一场史诗级的"战役"：无数的物资从全国各地被调配到最需要的地方，无数的医护人员被精确地匹配到急需之地，10 天建好方舱医院，"天使白""橄榄绿""守护蓝""志愿红"迅速集结，各条战线的抗疫勇士临危不惧、视死如归，困难面前豁得出、关键时刻冲得上，以生命赴使命，用大爱护众生。他们中间，有把生的希望留给他人而自己错过救治的医院院长，有永远无法向妻子兑现婚礼承诺的丈夫，也有牺牲在救治岗位留下幼小孩子的妈妈……面对疫情，中国人民没有被吓倒，而是用"明知山有虎，偏向虎山行"的壮举，书写下可歌可泣、荡气回肠的壮丽篇章！中华民族能够经历无数灾厄仍不断发展壮大，就是因为在大灾大难面前有千千万万个普通人挺身而出、慷慨前行！中国人民在疫情防控中表现出来了非凡的组织动员能力、统筹协调能力、贯彻执行能力，令世界震惊，向世界展示出了高度的责任意识、自律观念、奉献精神以及友爱情怀。从脱贫攻坚创造中国奇迹到疫情防控书写中国壮举，中国人民用鲜活实践再次证明中国特色社会主义事业的根基在人民、血脉在人民、力量在人民，人民群众是真正的英雄，蕴藏着无穷无尽的智慧和力量。

自诞生以来，中国共产党领导人民浴血奋战、百折不挠，创造了新民主主义革命的伟大成就；自力更生、发愤图强，创造了社会主义革命和建设的伟大成就；解放思想、锐意进取，创造了改革开放和社会主义现代化建设的伟大成就；自信自强、守正创新，创造了新时代中国特色社会主义的伟大成就。波澜壮阔的中华民族发展史是中国人民书写的！博大精深的中华文明是中国人民创造的！历久弥新的中华民族精神是中国人民培育的！中华民族迎来了从站起来、富起来到强起来的伟大飞跃是中国人民奋斗出来的！同人民风雨同舟、血脉相通、生死与共，是我们党战胜一切困难和风险的根本保证。离开了人民，我们就会一事无成。正是紧紧依靠人民，"站稳人民立场、把握人民愿望、尊重人民创造、集中人民智慧"①，我们才使古老的中华文明焕发出现代的光芒，才书写了中华民族几千年历史上最恢宏的史诗，才开创了不同于既有现代化的新道路，为全球发展提供了超越历史的新文明想象、打开了新文明境界、创造了新文明形态。

① 习近平：《高举中国特色社会主义伟大旗帜　为全面建设社会主义现代化国家而团结奋斗——在中国共产党第二十次全国代表大会上的报告》，人民出版社 2022 年版，第 19 页。

# 第三节　坚持统筹推进，凝聚发展合力

　　一个社会的发展和进步不是某个领域或单一方面的发展，而是各个领域、各个方面的协调发展。因此，在推进中国特色社会主义现代化的建设过程中，我们不仅强调发展社会生产力、促进经济快速稳定增长，而且强调精神文明是中国特色社会主义的应有之义，强调离开精神文明的进步而只把目光锁定在单一的物质文明之上，根本无法建成真正的社会主义现代化，也不符合社会全面进步的要求。早在1940年，毛泽东同志就提出："我们不但要把一个政治上受压迫、经济上受剥削的中国，变为一个政治上自由和经济上繁荣的中国，而且要把一个被旧文化统治而愚昧落后的中国，变为一个被新文化统治因而文明先进的中国。"[1] 新中国成立后，毛泽东同志又进一步指出："中国人民业已有了自己的中央政府……它将领导全国人民克服一切困难，进行大规模的经济建设和文化建设，扫除旧中国所留下来的贫困和愚昧，逐步地改善人民的物质生活和提高人民的文化生活。"[2] 到了社会主义市场经济体制建立初期，邓小平同志鲜明提出，"精神文明既是有中国特色社会主义的重要内容，也是改革和建设顺利进行的重要保证"[3]，强调加强精神文明建设"是建设有中国特色社会主义事业的

---

① 《毛泽东选集》第 2 卷，人民出版社 1991 年版，第 663 页。
② 《毛泽东文集》第 5 卷，人民出版社 1996 年版，第 348 页。
③ 《十四大以来重要文献选编》（上），人民出版社 1996 年版，第 150 页。

重要组成部分，是促进经济发展和社会全面进步的客观要求，也是全国人民的共同愿望"①。进入新时代，习近平总书记指出，必须统筹"推动物质文明、政治文明、精神文明、社会文明、生态文明协调发展"②，不仅要让高楼大厦在我国大地上遍地林立，更要让中华民族精神的大厦巍然耸立。通过全局性谋划、战略性布局和整体性推进，中国不仅创造了物质文明发展的世界奇迹，也创造了精神文明发展的丰硕成果，形成了生活富裕富足、精神自信自强、环境宜居宜业、社会和谐和睦、公共服务普及普惠的良好局面，开创了独具中国特色、中国风格与中国气派的人类文明新形态。

恩格斯曾指出，我们所面对的一切事物都是一个有机的系统，即各种物体相互联系的整体。建设中国特色社会主义更是一个庞大的系统工程，必须站在战略和全局的高度来对其加以把握，要做到统筹兼顾。所谓统筹兼顾，就是一方面要遵循整体性和系统性原则，把各个要素看成不可分割的普遍联系着的有机整体，注重把握各方相互关系和作用，按照其特点和功能统一部署和安排；另一方面要突出全面性思维，关切各个部分、各个对象的需求，释放内在的积极性、主动性和创造性，协调彼此关系、平衡各方利益，使之能够各得其所，实现效能最大化，最大限度发挥全局效应和整体功能。新中国成立之初，在国民经济得到恢复的基础上，1954 年 9 月 15 日，毛泽东在第一届全国人民代表大会第一次会议上致开幕词时宣布，准备在几个五年计划之内，将我国"建设成为一个工业化的具有高度现代文化程度的伟

---

① 《十四大以来重要文献选编》（中），人民出版社 1997 年版，第 271 页
② 习近平：《在庆祝中国共产党成立 100 周年大会上的讲话》，人民出版社 2021 年版，第 14 页。

大的国家"①。这是中国共产党人对中国现代化路线的最初表达，确立了物质文明与精神文明统筹推进的发展思路，这意味着中国的现代化不是孤立的、片面的，而是全面的、系统的。1957 年 2 月和 3 月，毛泽东先后发表《关于正确处理人民内部矛盾的问题》和《在中国共产党全国宣传工作会议上的讲话》。在前一个报告中，他明确指出，我们现在要向自然界开战，发展我们的经济，发展我们的文化，巩固我们的新制度，建设我们的新国家。在后一个讲话中，他对现代化建设的内涵有新的考虑，提出要"建设一个具有现代工业、现代农业和现代科学文化的社会主义国家"②。这里把现代工业、现代农业和现代科学文化作为建设社会主义的内涵，再次体现了社会主义现代化统筹兼顾的总体战略目标。到 1959 年底 1960 年初，毛泽东在读苏联《政治经济学教科书》时，进一步充实了这个思想，指出："建设社会主义，原来要求是工业现代化、农业现代化、科学文化现代化，现在要加上国防现代化。"③ 这个提法第一次比较清晰、完整地表述了"四个现代化"思想。1964 年 12 月 21 日，在第三届全国人民代表大会第一次会议上，根据毛泽东的提议，周恩来在政府工作报告中正式提出四个现代化的战略目标。他指出，我们今后发展国民经济的主要任务，"就是要在不太长的历史时期内，把我国建设成为一个具有现代农业、现代工业、现代国防和现代科学技术的社会主义强国，赶上和超过世界先进水平"④。他同时提出，要在 20 世纪内分两步实现四个现代化，即"第一步，建立一个独立的比较完整的工业体系和国民经

①《毛泽东文集》第 6 卷，人民出版社 1999 年版，第 350 页。
②《毛泽东文集》第 7 卷，人民出版社 1999 年版，第 268 页。
③《毛泽东文集》第 8 卷，人民出版社 1999 年版，第 116 页。
④《周恩来选集》（下），人民出版社 1984 年版，第 439 页。

济体系；第二步，全面实现农业、工业、国防和科学技术的现代化，使我国经济走在世界前列"①。从此，实现四个现代化，全面建设社会主义，成为激励全国各族人民共同奋斗的宏伟目标。

　　1978 年，党的十一届三中全会作出改革开放的重大决策，将党和国家工作重心转移到经济建设上来。沐浴着改革开放的春风，中国在短短几年时间里就迎来了经济的腾飞，成绩显著。但在整个社会面貌焕然一新、生机勃勃的同时，一些诸如"脑体倒挂"的问题也开始显现，例如当时民谚所谓的"搞导弹的不如卖茶叶蛋的""拿手术刀的不如拿剃头刀的"现象等。面对这种情况，当时社会上出现了两种截然不同的声音：一种认为建设社会主义只要搞好经济就行，其他问题先放一放再说；另一种则认为要先搞好精神文明建设，经济建设可以慢一慢，宁可钱袋子瘪了，也不能让脑瓜子空了。针对这两种对立的观点，邓小平敏锐地觉察到，如果不把握好物质文明建设与精神文明建设的关系，就可能导致改革开放"跑偏"的严重问题。1980 年 12 月 25 日，在出席中共中央工作会议闭幕式发表讲话时，邓小平旗帜鲜明地指出，"我们要建设的社会主义国家，不但要有高度的物质文明，而且要有高度的精神文明"②，"我们要在建设高度物质文明的同时，提高全民族的科学文化水平，发展高尚的丰富多彩的文化生活，建设高度的社会主义精神文明"③。此后，他又在多个场合反复地强调这个问题。1983 年 4 月 29 日，邓小平在《建设社会主义的物质文明和精神文明》一文中指出，"在社会主义国家，一个真正的马克思主

---

①《周恩来选集》（下），人民出版社 1984 年版，第 439 页。
②《邓小平文选》第 2 卷，人民出版社 1994 年版，第 367 页。
③《邓小平文选》第 2 卷，人民出版社 1994 年版，第 208 页。

义政党在执政以后，一定要致力于发展生产力，并在这个基础上逐步提高人民的生活水平。这就是建设物质文明。过去很长一段时间，我们忽视了发展生产力，所以现在我们要特别注意建设物质文明。与此同时，还要建设社会主义的精神文明，最根本的是要使广大人民有共产主义的理想，有道德，有文化，守纪律"①。1986 年中共十二届六中全会专门通过了一个《中共中央关于社会主义精神文明建设指导方针的决议》，集中阐述了物质文明和精神文明的关系、精神文明建设的重要性，第一次明确提出，"我国社会主义现代化建设的总体布局是：以经济建设为中心，坚定不移地进行经济体制改革，坚定不移地进行政治体制改革，坚定不移地加强精神文明建设"②。1992 年邓小平在视察南方的谈话中更明确地提出，坚持两手抓，两个文明都搞好，才是有中国特色社会主义。自此，坚持"两手抓、两手都要硬"，坚持物质文明与精神文明的协调发展，成为我国推进改革开放和社会主义现代化建设的一个根本方针。

党的十四届三中全会以后，以江泽民为核心的党的第三代中央领导集体在确定了我国社会主义初级阶段基本纲领的基础上，对建设中国特色社会主义经济、政治、文化作了新的系统性阐述。建设中国特色社会主义的经济，就是在社会主义条件下发展市场经济，不断解放和发展生产力。建设中国特色社会主义的政治，就是在中国共产党的领导下，在人民当家作主的基础上，依法治国，发展社会主义民主政治。建设中国特色社会主义的文化，就是以马克思主义为指导，以培育有理想、有道德、有文化、有纪律的公民为目标，发展面向现代

①《邓小平文选》第 3 卷，人民出版社 1993 年版，第 28 页。
②《十二大以来重要文献选编》（下），人民出版社 1988 年版，第 121 页。

化、面向世界、面向未来的，民族的、科学的、大众的社会主义文化。建设中国特色社会主义的经济、政治与文化三者之间相互贯通、相互依存，不可分割，形成了"三位一体"的总体布局。

党的十六大之后，随着我国改革开放和中国特色社会主义事业的不断深入和发展，尤其是科学发展观和构建社会主义和谐社会等重大战略思想提出之后，我们党对统筹推进中国特色社会主义事业总体布局的认识也有了新的拓展。2005年2月，胡锦涛同志在省部级主要领导干部提高构建社会主义和谐社会能力专题研讨班上明确指出："随着我国经济社会的不断发展，中国特色社会主义事业的总体布局，更加明确地由社会主义经济建设、政治建设、文化建设'三位一体'发展为社会主义经济建设、政治建设、文化建设、社会建设'四位一体'。"① 他还同时指出，构建社会主义和谐社会同建设社会主义物质文明、政治文明、精神文明既有不可分割的紧密联系，又有各自的特殊领域和规律，是有机的统一体。自此之后，中国特色社会主义事业"四位一体"的总体布局成为全党共识。2006年党的十六届六中全会通过的《关于构建社会主义和谐社会若干重大问题的决定》将我国社会主义现代化战略目标由"三位一体"拓展为"四位一体"，明确提出了"为把我国建设成为富强民主文明和谐的社会主义现代化国家而奋斗"② 的命题。党的十七大报告在论述中国特色社会主义道路和中国特色社会主义建设目标时，都是以"四位一体"为准则的，指出："中国特色社会主义道路，就是在中国共产党领导下，立足基本国情，以经济建设为中心，坚持四项基本原则，坚持改革开放，解放和发展

---

① 《十六大以来重要文献选编》（中），中央文献出版社2006年版，第696页。
② 《十六大以来重要文献选编》（下），中央文献出版社2008年版，第671页。

社会生产力，巩固和完善社会主义制度，建设社会主义市场经济、社会主义民主政治、社会主义先进文化、社会主义和谐社会，建设富强民主文明和谐的社会主义现代化国家。"① "坚持中国特色社会主义经济建设、政治建设、文化建设、社会建设的基本目标和基本政策构成的基本纲领。"②

党的十八大以来，以习近平为核心的党中央对中国特色社会主义建设规律的认识提高到了一个新境界，中国的现代化总体布局也得到进一步完善。党的十八大报告指出，建设中国特色社会主义，总体布局是"五位一体"，必须在加强经济建设、政治建设、文化建设与社会建设的同时，将生态文明建设放在突出地位，努力建设美丽中国，实现中华民族永续发展。加强生态文明建设、建设美丽中国作为"五位一体"总体布局新的组成部分，是以习近平同志为核心的党中央站在实现"两个一百年"奋斗目标和中华民族永续发展的高度上，站在对全人类生存环境高度负责的制高点上，对发展观进行的一场深刻革命。早在浙江工作期间，习近平就提出"既要绿水青山，也要金山银山，实际上绿水青山就是金山银山"的思想。担任总书记后，习近平又对"两山论"进行了更加深刻、系统的理论概括和阐释，精辟指出："保护生态环境就是保护生产力，改善环境就是发展生产力。"③ "我说的绿水青山和金山银山的关系，是实现可持续发展的内在要求，也是我们推进现代化建设的重大原则。"④ "金山银山固然重要，但绿

① 《改革开放三十年重要文献选编》（下），中央文献出版社 2008 年版，第 1717 页。
② 《改革开放三十年重要文献选编》（下），中央文献出版社 2008 年版，第 1722 页。
③ 《习近平关于社会主义生态文明建设论述摘编》，中央文献出版社 2017 年版，第 12 页。
④ 《习近平关于社会主义生态文明建设论述摘编》，中央文献出版社 2017 年版，第 22 页。

水青山是人民幸福生活的重要内容，是金钱不能代替的。"① "绿水青山和金山银山绝不是对立的，关键在人，关键在思路。"② 他还指出，我们绝不能以牺牲环境为代价换取一时一地的经济增长，绝不能走"先污染后治理"的路子，各级领导干部必须扭转只要经济增长就不顾其他各项事业发展的思路，改变为了经济增长数字不顾一切、不计后果、最后得不偿失的做法，不能再简单以国内生产总值增长率论英雄。当然，强调不能简单以国内生产总值增长率论英雄并不是不要发展了，关键是要树立正确的发展思路。正如习近平总书记指出的，经济发展不应是对资源和生态环境的竭泽而渔，生态环境保护也不应是舍弃经济发展的缘木求鱼，而是要坚持在发展中保护、在保护中发展，实现经济社会发展与人口、资源、环境相协调。为了推动生态文明建设迈上新台阶，习近平总书记先后赴吉林、宁夏、山西等地进行深入考察，在吉林梨树县，要求"一定要采取有效措施，保护好黑土地这一'耕地中的大熊猫'"；在宁夏贺兰县，称赞稻渔空间乡村生态观光园"水资源利用效率提高了，附加值也上来了"；在山西太原，叮嘱坚持治山、治水、治气、治城一体推进，持续用力，再现"锦绣太原城"的盛景。每到一地考察调研，绿色发展都是总书记关心的一项重要内容。把绿水青山变成金山银山，是总书记的关切，也是各地生动的发展实践。

在"五位一体"的总体布局中，经济建设是前提和基础，其核心是激发广大人民群众的创造力，发展生产力，为现代化建设奠定坚实的物质生活基础；政治建设的核心是继续深化并推进政治体制改革，

---

① 《习近平关于社会主义生态文明建设论述摘编》，中央文献出版社 2017 年版，第 4 页。
② 《习近平关于社会主义生态文明建设论述摘编》，中央文献出版社 2017 年版，第 23 页。

发展社会主义民主政治，建设社会主义法治国家，给每个人的发展创造平等的地位、均等的机会；文化建设是用先进的价值观武装人民群众，提供强有力的精神动力和智力支持，营造丰富多彩的新生活；社会建设是不断创新社会管理新模式；生态文明建设是提供幸福、健康、宜人的生活环境。"五位一体"总体布局彻底打破了过去只注重经济发展和增长，忽视社会生态环境和人民生活福祉的片面发展、不可持续发展的问题，从单一追求经济现代化转变为囊括经济、政治、文化、社会、生态文明建设在内的全方位的现代化，营造了经济发展强劲有力、政治环境民主畅通、文化发展繁荣多样、社会发展和谐稳定和生态发展健康持久的现代化发展新图景，中国的现代化建设进入到更加协调全面、更加系统均衡的新阶段。

从"两手抓、两手都要硬"，到"三位一体""四位一体"，再到"五位一体"，我们党对建设什么样的社会主义、怎样建设社会主义以及实现什么样的发展、怎样发展的思考和探索从未止步，始终以系统的观念对中国特色社会主义建设事业进行顶层设计，强调系统性、整体性与协同性谋划。在中国特色社会主义的建设大局中，虽然各个不同的领域各有其特殊的内容和规律，但它们之间是有机统一、不可分割、相辅相成的。通过使各方面协同推进、形成合力，中国正以前所未有的昂扬姿态意气风发地向着社会主义现代化强国的伟大梦想阔步前进着。

## 第四节　通往民族复兴，凝聚同心效力

"人无精神则不立，国无精神则不强。精神是一个民族赖以长久生存的灵魂，唯有精神上达到一定的高度，这个民族才能在历史的洪流中屹立不倒、奋勇向前。"①纵观人类社会，但凡有所作为、有所成就的民族和国家都必然有振奋的精神和坚定的志向，而如果缺乏精神上的支撑，一个国家就会漫无目的、碌碌无为、行无依归。而在精神的力量中，梦想是最具引领性和号召力的。梦想作为对未来的希冀和向往，是一种强大的精神力量，是任何形式的苦难、屈辱以及战争、强权都不能剥夺的人类固有的权利。对于每一个人来说，梦想是一种立足当下远眺未来，进而催人奋进使理想照进现实的动力；而对于一个民族来说，它则是集体的记忆、凝聚的共识、奋斗的目标以及行进的方向，是为着实现梦想而生发出来的全民族的热情、动力、牺牲和担当。

有梦方能致远，有梦才能催人奋进。中国作为一个历史悠久的文明古国，历来是个有梦的民族，从"大道之行也，天下为公"的大同梦到"耕者有其田，居者有其屋"的安居梦，从"人人好公，天下太平"的盛世梦到"士不可以不弘毅，任重而道远"的奋进梦，中华民族总是在追梦、圆梦中生生不息、不断求索、庚续前行。近代以

---

①《习近平关于社会主义文化建设论述摘编》，中央文献出版社 2017 年版，第 13 页。

来，随着中华文明的受辱蒙尘，中国梦变得更加坚实厚重且意味深长。今天的中国梦成了一个由国家富强、民族振兴以及人民幸福有机组成的宏伟蓝图，它是从一个拥有悠久文化的世界大国自近代一百多年以来历经外敌入侵与种种苦难，不满现状而顽强不屈和坚持探索中凝结出来的，它饱含了历史的悲怆与凝重，但更充满了不屈与前行。正如习近平总书记指出的，"只有创造过辉煌的民族，才懂得复兴的意义；只有经历过苦难的民族，才对复兴有如此深切的渴望"①。

中国梦作为对中国未来发展方向的憧憬和期待，首先是集体梦，是从亿万中华儿女的共同民族记忆和民族情感中生发出来的，因此是中华民族和中国人民的整体利益的体现，是几代中国人共同夙愿的表达，是每一个中华儿女的共同期盼。正是因为它反映集体记忆、集体情感和集体愿望，所以它特别能够激发起广大人民群众的情感共鸣和内心认同。中国梦不是通过什么物质的或者功利的因素把亿万中国人民联系在一起的，它的驱动力不是来自任何利益原则，而是民族的至高无上的宝贵精神力量，是凝结人心的"最大公约数"，因此它最能打动人、吸引人、鼓舞人。在中国梦的引领下，整个中华民族有了明确的奋斗目标和远大的前进志向，使一切可以团结的力量都被凝聚起来，共担民族复兴的责任，共享民族复兴的荣耀。因此，中国梦作为一种内在的精神力量，铸牢的是中华民族的共同体意识，画出的是全体中华儿女的最大同心圆，实现的是整个国家的大团结大联合，为凝聚党心民心、成就伟大事业提供了精神纽带，为走向复兴振奋起全民族的"精气神"。在实现中华民族伟大复兴中国梦的感召下，全国各

---

① 中共中央宣传部：《习近平总书记系列重要讲话读本》，学习出版社2014年版，第26页。

族人民像石榴籽一样紧紧抱在一起，为共同理想的实现贡献智慧和力量。

中国梦作为特定历史条件下形成的具有特定内涵的群体意识和目标指向，不仅仅是一个美好的理想愿景，更是当代中华儿女万众一心、共同进取的生动实践。正如习近平总书记指出的，任何伟大的事业都需要从实干做起，坐地空谈说不出成绩，指手画脚画不出业绩，实现中华民族复兴的征程中需要实干精神，以实干之基托起中国复兴之梦。而无论是国家的富强、民族的振兴还是人民的幸福，都只有靠广大人民群众通过自己勤劳的双手才能创造出来，都只能在人民群众的艰苦奋斗中才能实现。因此，从本质上讲，中国梦归根到底是每一个中国人的梦，是由一个个鲜活生动的个体梦想汇聚而成的，"中国梦是民族的梦，也是每个中国人的梦"，只有把民族梦同个人梦融合起来、统一起来，中国梦才能有生命、有根基、有力量，同时，也只有把个人梦融入国家梦、民族梦之中，把个人的前途命运与国家、民族的前途命运紧密联系起来，个人的发展才能获得至高无上的价值。在这种国家梦与个人梦的辩证统一中，每个人都成了中国梦的实践者，大家都在自己的岗位上拼搏着、挥洒着、创造着，立足本职、胸怀全局，自觉把人生理想、家庭幸福融入国家富强、民族复兴的伟业之中，把个人梦与中国梦紧密联系在一起，为追梦和圆梦而奋斗。

在中国梦的感召下，在个人梦与国家梦的统一中，一个个平凡而又伟大的形象脱颖而出。从把中医青蒿素献给世界的屠呦呦到追求"禾下乘凉梦"的袁隆平，从"绿了荒山，白了头发，志在造福百姓"的杨善洲到践行"一粒种子的初心与梦想"的钟扬，从"一生只守一座岛"的王继才到把青春和生命献给脱贫攻坚的黄文秀，他们作为一个个为中华民族伟大复兴而不懈奋斗的缩影和代表从万千人民中走出，犹如一颗颗星、一盏盏灯、一簇簇火，涓流汇海、聚沙成塔、光耀天空、烛照大地。"上下同欲者胜，和衷共济者兴。"虽然每个人的力量是有限的，但只要以梦为马、众志成城，就没有克服不了的困难，就一定能够为中华民族伟大复兴提供强大的力量支撑，以实绩绘就圆梦蓝图，推动中华民族不断发展壮大，照亮中华民族伟大复兴的光辉前程。中国人民在逐梦的过程中经历了太多太多的磨难，付出了太多太多的牺牲，进行了太多太多的拼搏，但也正是因为有梦想、有付出、有奋斗，我们每个人才能享有人生出彩的机会，才能享有梦想成真的机会，才能同祖国和时代一起共成长同进步，才能把一切美好的东西都能够创造出来。

当然，以中国梦引领中国特色社会主义的发展方向，汇聚中国特色社会主义的建设力量，不是要让中国简单地重新寻回往日的荣光，而是要让一个近代以来饱受帝国主义列强欺侮、目前尚是发展中国家的中国实现经济发展、政治昌明、文化繁荣、社会和谐、生态文明，到21世纪中叶成为富强、民主、文明、和谐、美丽的社会主义现代化国家，巍然屹立在世界东方。只要全国各族人民紧密团结在实现中华民族伟大复兴中国梦的精神旗帜之下，脚踏实地、开拓进取，以坚韧不拔的精神和众志成城的力量，把自己的梦想融入实现中国梦的壮阔奋斗之中，我们一定能共同见证、共同享有中国梦的实现，把自己的名字写在中华民族伟大复兴的光辉史册之上。

# 第三章

# 中国道路创造中国奇迹

百年奋斗，百年征程，中国共产党团结带领中国人民在一个有着几千年封建社会历史的国家实现了最广泛的人民民主，人民真正成为国家、社会和自己命运的主人；在一穷二白的基础上创造了经济社会快速发展的奇迹，用几十年时间走完了发达国家几百年走过的工业化历程，跃升为世界第二大经济体，综合国力、科技实力、国防实力、文化影响力、国际影响力显著提升；人民生活由温饱不足到全面小康，整体上彻底摆脱了绝对贫困，成为世界上中等收入人口最多的国家；长期保持了社会和谐稳定、人民安居乐业，成为国际社会公认的最有安全感的国家之一。中国奇迹的创造，从根本上说是因为中国共产党领导中国人民走出了一条正确的道路。中国道路创造了中国奇迹！

## 第一节　中国道路创造了国家富强的奇迹

1929年5月4日，一位笔名叫作"醉梦人"的作者在上海《生活》周刊上发表了一篇文章，即《十问未来之中国》，围绕未来中国的发展提出了十大问题，这十个问题分别为：1. 吾国之军权何时归一，分散之军阀何时湮灭？2. 军人治政之权何时尽除，吾国之行政权何时统于中央？3. 三十四国治外法权何时可废，吾国之司法何时自主？4. 由北洋至宁府，元首概为军界强人，吾国何时诞生文人执政？5. 吾国何时举行真正之代议选举，何时举行真正之国民普选？6. 吾国何时可稻产自丰、谷产自足，不忧饥馑？7. 吾国何时可自产水笔、灯罩、自行表、人工车等物什，供国人生存之需？8. 吾国何时可产巨量之钢铁、枪炮、舰船，供给吾国之边防军？9. 吾国何时可行义务之初级教育、兴十万之中级学堂、育百万之高级学子？10. 吾国何时可参与寰宇诸强国之角逐，拓势力于境外、通贸易以取利、输文明而和外人？这十问从政治、经济、文化等多个方面直指当时旧中国的屈辱落后状况，每一问都代表着当时人们对中国的出路在何方的苦苦追寻，代表着对未来中国发展前途命运的展望。在文章的末尾，作者还说道："吾举十问，实不知其答案。私以为，能实现十之五六者，则国家幸甚，国人幸甚"，表达了其对实现国家富强和人民幸福的强烈渴望。

而今天，"醉梦人"关于未来中国的十个问题全部有了答案。在中国共产党的领导下，中国不仅取得了民族独立，实现了人民当家做主，更迎来了从站起来、富起来到强起来的伟大飞跃，实现了凤凰涅槃和浴火重生。百年来，中国共产党人始终秉持解放思想、实事求是、与时俱进、求真务实的科学态度，在实践中不断丰富和发展马克思主义，在勇毅前行中开创了实现中华民族伟大复兴的正确道路——中国特色社会主义道路。这条道路凝结着"只有社会主义才能救中国"的独立探索，汇聚着"只有中国特色社会主义才能发展中国"的艰辛奋斗。沿着中国特色社会主义道路，中国共产党带领中国人民从我国的基本国情出发，坚持以经济建设为中心，统筹推进经济建设、政治建设、文化建设、社会建设、生态文明建设，坚持四项基本原则，坚持改革开放，不断解放和发展社会生产力，全力奔跑在现代化的赛道上。通过推动工业化、城镇化、农业现代化以及信息化的有机融合，中国走出了一条"并联式""压缩式"的现代化之路，把社会主义制度的优越性和自身的"后发优势"全面激发了出来，实现了弯道超车，创造了人类发展史上前所未有的辉煌业绩。尤其是改革开放以来，我国的经济总量一路超过意大利、法国、英国、德国、日本，攀升至世界第二。1978年，我国国内生产总值总量仅为3645亿元，虽然总量上排名世界第九，但人均却只有381元，远低于世界平均水平。到了2021年，我国国内生产总值已经突破110万亿大关，达到114.4万亿，人均国内生产总值更是突破8万元，超世界平均数。我国国内生产总值占世界生产总值的比重由改革开放之初的1.8%上升到2021年的18%以上，多年来对世界经济增长贡献率超过30%。现在，我国货物进出口总额已经超过4万亿美元，累计使用外商直接投资超过2万亿美元，对外投资总额达到1.9万亿美元，外汇储备规模约为 3.2 万亿美元。只用了短短几十年的时间，中国就走完了西方发达国家几百年走过的发展历程，不仅成为全球第二大经济体，更是成为全球制造业第一大国、货物贸易第一大国、商品消费第二大国、外资流入第二大国，外汇储备连续多年位居世界第一，我们的经济实力、科技实力、国防实力、文化影响力以及综合国力有了质的飞跃和大幅度提升。

2021 年 3 月，英国《金融时报》网站上的一则报道引起了全世界的关注，报道描述的是我国北京、上海等地地铁里的场景：几乎每位乘客，都在看着智能手机的屏幕，在地铁奔驰的同时，大家正通过手机进行通信、网购、转账、预订出行等。这显示出，中国移动互联网的发展速度之快、规模之大，令人震惊。如果把目光从地铁转向全国各地的大街小巷，我们更容易发现移动互联网对中国经济的影响——鳞次栉比的共享单车，随处可"扫"的二维码，加速涌现的无人超市……作为网络经济的重要组成部分与关键驱动要素，移动互联网正成为拉动中国经济增长、加速产业转型升级的核心动力之一。2022 年 2 月中国互联网络信息中心发布的第 49 次《中国互联网络发展状况统计报告》显示，截至 2021 年 12 月，我国网民规模达 10.32 亿，互联网普及率达 73.0%，网民中使用手机上网的比例高达 99.7%。2021 年世界互联网大会乌镇峰会发布的《中国互联网发展报告 2021》显示，2020 年中国数字经济规模达到 39.2 万亿元，占国内生产总值比重达 38.6%，保持 9.7% 的高位增长速度，成为稳定经济增长的关键动力。乘着"数字经济"的东风，中国按下了现代化发展的"快进键"，不仅成长为名副其实的互联网大国，更是在关键技术领域超越了西方发达国家而成为全球的引领者。2019 年，当西方国家民众还在盼望着有稳定的 4G 网络可用时，中国已经进入了 5G 商用元年，到了 2021 年，我国累计建成并开通 5G 基站总数 142.5 万个，5G 移动电话用户达 3.55 亿户。随着 5G 技术的广泛应用，人工智能、工业互联网、云计算、大数据等新兴领域加速发展，中国正在进入到一个万物互联的数字化新时代，中国经济的高质量发展有了新的支撑和保证。

除了成为互联网大国和互联网强国，中国的每一寸土地都发生了翻天覆地的变化。从公路成网到铁路密布，从西气东输到南水北调，从高坝矗立到高铁飞驰，从巨轮远航到大桥巍峨，从主要农产品产量稳居世界前列到成为全世界唯一拥有联合国产业分类中所列全部工业门类的国家，整个神州大地焕然一新。截至 2021 年底，我国粮食总产量达到 68285 万吨，比 2020 年增加 1336 万吨，增长 2.0％，已连续 7 年保持在 1.3 万亿斤以上，不仅成功养活了 14 亿人口，更把饭碗牢牢端在了自己手里。与此同时，中国还建立了全世界最完整的现代工业体系，成为全世界唯一拥有联合国产业分类目录中全部 41 个工业大类、207 个中类、666 个小类工业门类的国家，能够生产从服装鞋袜到航空航天、从原料矿产到工业母机的一切工业产品，全球 500 种主要工业产品中，中国有 220 多种的产量位居世界第一。此外，截至 2021 年底，我国公路通车总里程达 519.81 万公里，其中高速公路通车里程 16.10 万公里，稳居世界第一，高速公路对 20 万以上人口城市覆盖率超过 98％；全国铁路营业总里程将达到 14.6 万公里，其中高铁（含城际铁路）大约 3.9 万公里，占全世界 2/3；全国通航城市已达 234 个，国内航线 4568 条（包括港澳台航线 111 条），新建成的北京大兴机场更是创造了多项世界之最：世界规模最大的单体机场航站楼，世界最大的减隔震航站楼，全球首座双层出发、双层到达的航站楼，全球第一座高铁从地下穿行的机场，世界最大的无结构缝一体化航站楼等，被英国《卫报》誉为"新世界七大奇迹"之首；在港口水运方面，中国已建成世界级港口群，港口规模稳居世界第一，航运竞争力、科技创新水平、国际影响力等方面均已位居世界前列，其中上海港全年集装箱吞吐量连续 11 年位居世界第一。

党的十八大以来，中国在高精尖领域取得一个又一个重大突破：天宫探月、神九飞天、蛟龙入海、北斗指南、天眼巡空、墨子传信、北斗组网、国产大飞机直冲云霄。2020 年 12 月，嫦娥五号成功着陆月球并采集带回 1731 克月球土壤样本，实现了中华民族几千年的探月梦；2020 年 1 月，反射面相当于 30 个足球场、灵敏度达到世界第二大望远镜的 2.5 倍以上的全球最大单口径射电望远镜——中国天眼正式开放运行，开始探索宇宙的起源、生命的起源；2021 年 5 月 15 日，天问一号携祝融号火星车成功在火星着陆，迈出了中国星际探测征程的重要一步。英国《自然》杂志援引意大利博洛尼亚射电天文学研究所的行星科学家罗伯托·奥罗塞的观点称，这项任务"对中国来说是一个巨大的飞跃，因为他们一次就完成了美国国家航空航天局（NASA）花了几十年才完成的任务"。这一个又一个的高光时刻吸引了全世界的瞩目，大家都被耀眼的中国奇迹所吸引、所惊叹，都发自内心地为中国奇迹点赞。2017 年 6 月，英国《金融时报》刊文称，中国作为一个非常古老的文明，正以不可思议的速度推进现代化，这个现象独一无二；2019 年 10 月，《今日印度》杂志官网发文称，今天的中国已经实现全方位的指数级进步，成为世界上一股巨大的力量；2022 年，美国《纽约时报》认为，中国不再需要证明在世界舞台的地位，而是骄傲地展现出她已经成为一个更加繁荣、更加自信的国度。中国的崛起被国际媒体一致认为是"近年来最重要的全球变革"，甚至有西方媒体预测，到 2050 年，甚至更早，世界上的一切都会回归到原来的状态——中国将会是世界上最强大的国家，其经济总量将达到美国的两倍以上，将超越所有西方国家的经济总和。

从一度面临"被开除球籍的危险"到走进世界舞台的正中央，从落后于时代到赶上时代再到引领时代，中国人民之所以能在革命、建设和改革中掀起一幕幕高潮，谱写感天动地、气壮山河的奋斗史诗，之所以能从一个成功走向另一个成功、变不可能为可能，创造出人类历史上前无古人的发展成就，最为根本的是因为我们走出了一条正确的道路。正如习近平总书记指出的，坚持"走自己的路，是党的全部理论和实践立足点，更是党百年奋斗得出的历史结论"①。历史和实践证明，社会主义没有辜负中国，中国也没有辜负社会主义，中国特色社会主义道路符合中国实际、反映中国人民意愿、适应时代发展要求，不仅走得对、走得通，而且也一定能够走得稳、走得好。

## 第二节　中国道路创造了人民幸福的奇迹

2021 年 4 月 25 日，习近平总书记在广西考察时指出，让人民幸福是"国之大者"，中国共产党人的一切奋斗，根本目的就是让人民群众过上好日子。中国共产党不仅是这么说的，也是这么做的。新中

① 习近平：《在庆祝中国共产党成立 100 周年大会上的讲话》，人民出版社 2021 年版，第 13 页。

国成立以来，伴随我国社会主义现代化建设事业的蓬勃发展，人民群众的生活也发生了翻天覆地的变化，不仅人均收入水平有了大幅度提升，生活质量也得到了极大改善，实现了从温饱不足到总体小康再向全面小康迈进的跨越，广大人民群众充分享受到了我国现代化发展的累累硕果，幸福指数不断跃升新高度，获得感不断增强，中国的现代化事业成为真正造福人民的伟大事业。

近代以来，饥饿一直是半殖民地、半封建的旧中国所面对的一大难题。由于农业发展水平极为低下，旧中国曾有 80 % 的人口长期处于饥饿、半饥饿状态，遇有自然灾害时更是饿殍满地。对于这种情况，美国前国务卿艾奇逊就曾在 1949 年妄言道，"中国人口众多，历代政府包括国民党政府都没有解决中国人的吃饭问题。同样，共产党政权也解决不了这个问题"。"惟其艰难，才更显勇毅；惟其笃行，才弥足珍贵"[①]，中国共产党作为特别能吃苦、特别能战斗的政党没有被困难吓到，新中国成立后，党和国家充满希望地、充满活力地踏上了实现社会主义现代化的伟大征程，凭借着"敢教日月换新天"的决心和勇气开启了消除贫困、改善民生、实现共同富裕的新事业。1953 年起，中国开始实施第一个五年计划，一方面集中力量进行工业化建设，另一方面则加快推进各经济领域的社会主义改造，保证在发展生产的基础上逐步提高人民物质生活和文化生活水平。到了 1957 年底，经过全党和全国人民五年的艰苦奋斗，第一个五年计划的各项指标都得到了大幅度的超额完成。据统计，1957 年我国国民收入比 1952 年增长了 53 %，全国职工的平均工资达到 637 元，比 1952 年增长了 42.8 %，

---

①《习近平关于全面深化改革论述摘编》，中央文献出版社 2014 年版，第 132 页。

农民的收入比 1952 年增加近 30 %，人民平均消费水平达到 102 元，比 1952 年的 76 元提高了 34.2 %，人民生活得到较大改善，彻底结束了旧中国遗留下来的通货膨胀、物价极不稳定以及贫困落后的状态。改革开放以后，随着我国社会主义现代化建设驶入快车道，人民群众的生活质量也有了根本性的飞跃。1979 年 12 月 6 日，邓小平在会见日本首相大平正芳时，根据我国经济发展的实际情况，第一次提出了"小康"概念以及在 20 世纪末我国达到"小康社会"的构想。他说，"我们现在就是做一件事情，使占人类四分之一的人口摆脱饥饿和贫困，达到小康状态"①。1983 年 3 月 2 日，在考察了江苏、浙江和上海后，他又对小康社会提出了六条标准：1. 人民的吃穿用问题解决了，基本生活有了保障；2. 住房问题解决了，人均达到二十平方米，因为土地不足，向空中发展，小城镇和农村盖二三层楼房的已经不少；3. 就业问题解决了，城镇基本上没有待业劳动者了；4. 人不再外流了，农村的人总想往大城市跑的情况已经改变；5. 中小学教育普及了，教育、文化、体育和其他公共福利事业有能力自己安排了；6. 人们的精神面貌变化了，犯罪行为大大减少。在这一目标的指引下，党和国家一心一意谋发展、聚精会神搞建设，从 1978 年到 1985 年，我国农村人均粮食产量增长了 14 %，肉类增长了 87.8 %，棉花增长了 73.9 %，油料增长了 176.4 %；农民人均纯收入增长了 2.6 倍；没有解决温饱的贫困人口从 2.5 亿人减少到 1.25 亿人，贫困发生率由 30.7 %降为 14.8 %，贫困人口平均每年减少 1786 万人。到 20 世纪 80 年代末期，中国城镇消费结构和质量发生了明显变化，居民用于吃饭

①《邓小平年谱（一九七五——一九九七）》下，中央文献出版社 2004 年版，第 870 页。

穿衣的支出所占比重大幅度缩小，用于住、用的支出以及文化服务方面的支出所占比重相应扩大，这标志着城镇居民在实现温饱的基础上开始走向小康；农村贫困人口大幅度减少，全国农民也基本上解决了温饱问题。1992 年 11 月 2 日，英国《经济学家》杂志刊发的一篇文章指出，1978 年，有 2 亿到 2.7 亿中国人生活在"绝对贫困"中，到1985 年农村改革大体完成的时候，绝对贫困人口为 1 亿人；在经济改革的头 6 年里，中国就有相当于一个日本或两个英国或者说半个美国的人口摆脱贫困。在实现温饱的基础上，到了 20 世纪 90 年代，经过改革开放的进一步深化和经济建设的快速发展，中国居民的生活水平又迈上了一个大台阶。联合国粮农组织用恩格尔系数（居民食品支出占生活消费支出的比重）制定的生活发展阶段的一般标准为：60 ％以上为贫困，50 ％—60 ％为温饱，40 ％—50 ％为小康，40 ％以下为富裕。1998 年中国的恩格尔系数，城镇居民为 44.5 ％，农村居民为53.4 ％，这说明我国人民生活总体上已经开始达到小康水平。但是，此时"达到的小康还是低水平的、不全面的、发展很不平衡的小康"①，人民日益增长的物质文化需要同落后的社会生产之间的矛盾仍然是我国社会的主要矛盾，我们必须集中力量全面建设惠及十几亿人口的更高水平的小康社会，让经济更加发展、民主更加健全、科教更加进步、文化更加繁荣、社会更加和谐、人民生活更加殷实。

　　从党的十六大开始，中国从"总体小康"进入到建设"全面小康"的新阶段，全面建设小康社会所要实现的不仅仅是"小康"，更为重要的是要做到"全面"。如果说"小康"是对发展水平的要求，

①《十七大以来重要文献选编》中，中央文献出版社 2011 年版，第 875 页。

那么"全面"则对发展的平衡性、协调性以及可持续性提出了更高层次的要求。全面小康是全方位的小康，是经济、政治、文化、社会、生态文明等全面发展的小康社会，是不断满足人民日益增长的多样化、多层次、多方面需求，不断促进人的全面发展的小康。当然，全面小康也是覆盖全体社会成员的小康，社会主义最大的优越性就是共同富裕，贫穷不是社会主义，两极分化也不是社会主义，我们所要实现的富是共同的富、强是共同的强，小康路上一个都不能少，一个都不能掉队。在全面小康的新坐标下，中国共产党团结带领全国人民以经济建设为中心，把全面深化改革、全面依法治国、全面从严治党作为确保实现全面建成小康社会战略目标的战略举措，全力抓重点、补短板、强弱项，不断实现更高质量、更有效率、更加公平、更可持续、更为安全的发展，从而使人民群众的生活得到了空前改善，人们的获得感、幸福感、安全感显著增强。

2021 年 7 月 1 日，习近平总书记在庆祝中国共产党成立 100 周年大会上向全世界庄严宣告，经过全党全国各族人民持续奋斗，我们实现了第一个百年奋斗目标，在中华大地上全面建成了小康社会。全面建成小康社会不仅意味着人民群众的收入水平有了极大提高，还意味着人们可以享受到更好的教育、更稳定的工作、更满意的收入、更可靠的社会保障、更高水平的医疗卫生服务、更舒适的居住条件、更优美的环境。

《中国的全面小康》白皮书显示，截至 2020 年底，我国居民人均年可支配收入达到了 32189 元，城镇化率超过 60％，中等收入群体超过 4 亿人，城乡居民恩格尔系数分别从 1978 年的 57.5％、67.7％下降到 2020 年的 29.2％、32.7％，人民生活从解决温饱进入到追求生活品质的更高阶段，衣食住行不断升级，消费结构从生存型逐渐向发展型、享受型过渡。在居民人均消费支出中，餐饮、健康、教育、旅游、文娱等服务性消费持续快速增长，占比逐渐达到一半左右，越来越多的人既有"钱"又有"闲"，生活变得更加丰富多彩、绚丽多姿。从就业方面看，我国就业人数从1949年的1.8亿增加到2020年的7.5亿，就业规模不断扩大，同时就业结构也不断优化，第三产业就业人数占47.7%、城镇就业人数占61.6%，劳动者整体素质也从过去普遍处于文盲、半文盲状态转变为劳动年龄人口平均受教育年限10.8年、技能人才总量约2亿。亿万劳动者拥有自己热爱的工作，开启了幸福生活的大门。从计划分配到市场就业、自由择业、自主创业，从传统就业方式到新就业形态，劳动者的就业观念深刻变革、就业空间更加广阔、就业方式日益多元。人们的兴趣爱好、特长禀赋与个人就业意愿、社会需求、国家需要更好结合，自我价值更好实现，主动性、创造性显著增强，创新、创业热情不断迸发。劳动者的合法权益得到保障，劳动报酬保持增长，劳动所得受到保护，人们越来越有尊严地劳动、快乐地劳动，依靠自己的双手创造美好生活。从"单休制"到"双休制"，从"黄金周"到带薪年休假，劳动者的休息休假权益越来越有保障，工作与生活的关系更加平衡。

除了仓廪实、衣食足，中国人民的精神生活也变得更加丰富，精神面貌发生了深刻改变。截至2020年，我国已建成包括学前教育、初等教育、中等教育、高等教育等在内的当代世界规模最大的教育体系，教育现代化发展总体水平跨入世界中上国家行列。学前教育普及率、普惠率超过84%，九年义务教育巩固率达到95%以上，高中阶段教育全面普及，区域、城乡、校际教育差距逐步缩小，从"有学上"到"上好学"、从"学有所教"到"学有优教"，中国基础教育跨越式发展，每个人都能享有公平而有质量的教育。与此同时，我国还构建起了网络化、数字化、个性化、终身化的学习体系，"人人皆学、处处能学、时时可学"的学习型社会正在形成，学习逐渐成为人们的日常习惯和生活方式。中国的教育改变了无数人的命运，实现了无数人的梦想，让人们拥有更多人生出彩的机会。在推动教育高质量发展的同时，我国还实现了文化事业和文化产业的大繁荣、大发展。从农家书屋、乡镇综合文化站到城市公共图书馆、博物馆、文化馆、美术馆，覆盖城乡的公共文化设施网络持续完善；数字图书馆、公共文化云平台、"云端博物馆"蓬勃兴起，使人民群众足不出户就能在线享受优质的公共文化服务；"暑期档""国庆档""春节档"大片云集，精品图书不断呈现，人们享受到越来越多的高品质文化盛宴。

为了确保全面小康的稳定与可持续，彻底消除人民群众的后顾之忧，中国还建成了包括社会保险、社会救助、社会福利、社会优抚在内的世界上规模最大的社会保障体系，形成了全覆盖、保基本、多层次、可持续的立体化保障系统。截至2021年6月底，全国基本养老、失业、工伤保险参保人数分别达到了10.14亿人、2.22亿人、2.74亿人，基本医疗保险覆盖超过13亿人。越来越多的常用药、救命药被纳入国家医保药品目录，人民群众看得上病、看得起病、看得好病。城乡基本医疗公共服务均等化不断推进，农村医疗卫生服务体系持续改善，医疗保障制度不断健全，农村居民看病就医有地方、有医生、有保障，因病致贫、因病返贫问题得到有效解决，居民预期寿命由新中国成立前的35岁提高到了2021年的

77.3 岁，翻了一倍还多。

党的十八大以来，面对人民群众日益增长的优美生态环境需要，党和国家又打响了蓝天、碧水、净土保卫战。截至 2020 年，我国森林覆盖率由 20 世纪 80 年代的 12 ％提高到 23.04 ％，森林蓄积量由 90.28 亿立方米提高到 175.6 亿立方米，人工林面积居全球第一。全国城市建成区绿化覆盖率由 10.1 ％提高到 41.11 ％，人均公园绿地面积由 3.45 平方米提高到 14.8 平方米，城乡人居环境明显改善。中华大地上的绿色越来越多，城乡环境越来越美。全国 337 个地级及以上城市中，202 个城市空气质量达标，同比增加 45 个；全国地级及以上城市 PM2.5 年均浓度为 33 微克/立方米，同比下降 8.3 ％，未达标地级及以上城市平均浓度比 2015 年下降 28.8 ％，空气质量优良天数比率达到 87 ％。我国地表水水质优良率达到 83.4 ％，居民集中式生活饮用水水源达标率为 94.5 ％。人们呼吸的空气更清新了、喝的水更干净了、吃的食物更放心了、生活的环境更优美了，一个善待自然、青山常在、绿水长流、空气常新、人与自然和谐共生的美丽中国正越来越清晰起来。

从"解决温饱"到"小康水平"，从"总体小康"到"全面小康"，中国共产党带领中国人民一茬接着一茬干、一帮接着一帮跑，不仅创造了国家富强、民族振兴的伟大奇迹，更创造了人民生活幸福的奇迹。今天，中国人民的生活越来越美好，过去几千年来一直困扰着中国人民的忍饥挨饿、缺吃少穿、生活困顿的问题终于一去不复返了，那些计划经济时代老百姓生活离不开的粮票、布票、肉票、鱼票、油票、豆腐票、副食本、工业券等也进入了历史博物馆，中国人民的获得感、幸福感、满足感达到前所未有的高度。联合国开发计划署发布的人类发展指数（简称 HDI）显示，自 1990 年以来，中国的各项指数和世界排名都大幅度提升，从 2012 年的第 101 位到 2015 年的第 90 位，再到 2020 年的第 85 位，中国已经迈入高水平人类发展国家行列。伴随人类发展指数的提高，中国人民的幸福感与安全感也得到显著增强。2020 年 7 月 24 日至 8 月 7 日期间，国际知名民调机构益普索集团（Ipsos）通过在线平台对包括美国、加拿大、澳大利亚在内的全球 27 个国家的近 2 万人进行了幸福度调查。调查结果显示，在参与此次调查的国家中，中国是幸福指数最高的国家，感到非常幸福或比较幸福的中国人比例高达 93％，荷兰与沙特则分别以 87％和 80％分列二、三位。中国人民不仅幸福指数高，而且幸福度增长快，从 2011 到 2020 年，感到幸福的中国人比例提升了 15 个百分点。与此同时，2020 年，美国权威民调机构盖洛普（Gallup）发布了《全球法律与秩序报告》，通过对世界 140 多个国家和地区的居民进行抽样调查，然后经过综合计算得出全球最安全的 10 个国家，中国位居第二。在这份最安全国家的榜单中，前十名中有 9 个都是小国，只有中国一个是大国，而且中国的排名年年攀升，从 2018 年的第 9 位到 2019 年的第 3 位，再到 2020 年的第 2 位，中国虽有 14 亿人口，但却是世界上最安全的国家之一。这些都表明，中国特色社会主义道路是条人民幸福之路，它真正实现了发展为了人民以及发展成果的全民共享，实现了幼有所育、学有所教、劳有所得、病有所医、老有所养、住有所居、弱有所扶，为人民美好生活的实现夯实了基础。

## 第三节　中国道路创造了社会稳定的奇迹

美国政治学家萨缪尔·亨廷顿曾结合西方国家的现代化过程提出了著名的"亨廷顿"悖论，他认为："现代化是近代以来世界历史发展的潮流和趋势，是一个世界性的历史进程"，但"现代化过程却滋生着动乱"，"如果一个国家出现动乱，那并非因为他们贫穷，而是因为他们想致富"①。简单来说，就是在迈向现代化的过程中，如果一个国家的发展速度越快，那么就越容易发生动乱。恰如亨廷顿所言，纵观整个西方现代化发展进程，我们不难发现，它总是与各种各样的政治危机、经济危机以及社会危机相随相伴，不仅其脚步走走停停，甚至导致很多国家陷入政局不稳、社会动荡、危机重重的"现代化陷阱"之中无法自拔。可以说，危机四伏、乱象丛生已经成为西方现代化模式的显著标志之一。

西方国家作为人类现代化进程的最早开启者，曾取得了巨大的成功，但同时也潜藏着不可克服的危机。早在1825年，尚处于资本主义上升期的英国就爆发了人类历史上第一次普遍性的经济危机，商品大量积压，生产锐减，工厂大批倒闭，工人大量失业，信用关系遭到严重破坏，整个社会经济陷入极端混乱和瘫痪之中。从那以后，经济危机每隔一段时间就要发生一次，呈现出一种周期性重演的态势。

----

① 塞缪尔·P·亨廷顿：《变化社会中的政治秩序》三联出版社，第38页。

2008 年，资本主义世界更是遭遇了人类历史上持续时间最长、影响范围最大、破坏性最强的一次危机，许多西方国家至今仍未彻底走出危机阴影。众所周知，在美国，贷款是非常普遍的现象，当地人很少全款买房，通常都是长时间贷款。可是在美国，失业和再就业也是很常见的现象，一些收入并不稳定甚至根本没有收入的人，买房时因为信用等级达不到标准，就被定义为次级信用贷款者，简称次级贷款者。在 2006 年之前的 5 年里，美国住房市场持续繁荣，银行为了赚取高额利息，把钱借给那些大量不具备还款能力的消费者，让他们涌入房地产市场。然而，随着银行利率的不断攀升，大批次级贷款者根本无法按期偿还贷款，银行只能收回房屋。但随着收回的房屋越来越多，过度积压的房屋就根本卖不上价钱，于是银行出现大面积亏损甚至破产，最终引发了危机。2008 年世界金融危机由美国次贷危机引发，像汹涌的海啸一样迅速席卷至全世界，造成了全球经济的大震荡，大批金融机构倒闭，制造业资金链断裂，失业潮和衰退潮接踵而至。在经济危机的影响下，原本推行高福利政策的西方国家在财政上变得更加捉襟见肘，债台高筑、赤字增加，于是又引发了欧洲各国的主权债务危机，资本主义世界陷入了一场系统性的危机当中。从 1825 年资本主义世界的第一次普遍性危机到 2008 年的全球经济危机，西方国家总是在危机、萧条、复苏、高涨的循环中苦苦挣扎着，而且面对危机的愈演愈烈，西方国家表现得越来越力不从心，难以应对。

除了周期性的经济危机，资本主义的政治危机也是此起彼伏、接连不断。在走向现代化的过程中，西方国家不仅信奉绝对的自由市场，还在所谓的"天赋人权""社会契约""自由、平等、博爱"的政治理念下推行多党议会制与三权分立。具体来说，就是西方国家要么是以两个势均力敌的主要政党通过竞争的方式来交替组织政府、轮流执掌政权，要么就是由两个以上的政党或联合执政的方式来组织政府、执掌政权。同时，它们的立法权、行政权和司法权也是分开行使的，分别归属于议会、总统和法院，以达到分权制衡的目的。多党议会与三权分立看起来可以形成各主体之间的相互牵制与监督，但在实际的运行过程中，由于各政党所代表的利益集团不同，所谓的分权制衡机制就最终沦为了利益的"角斗场"。执政党和在野党之间往往相互攻击、相互揭发、相互掣肘，他们根本不是为民发声，而是以党派划线，纯粹为了反对而反对，缺乏理性和包容的"否决政治"甚嚣尘上，这不仅造成了政府的"短命"和快速更迭，同时也导致政府的决策难以得到持续执行，运行效率极为低下。以美国的"奥巴马医改计划"为例，作为世界上最发达的国家之一，美国却是一个没有全民医保的国家。根据美国人口调查局公布的数据，截至 2016 年底，美国总人口为 3.25 亿人，其中 65 岁以上人口约 5300 万人，65 岁以下人口约 2.72 亿人。根据美国法律，只有 65 岁以上的居民才有资格享受社会医疗保险，剩下的 2.72 亿人则基本没有医保。在这 2.72 亿人中，大约有 1.55 亿人由雇主提供的团体健康商业保险来为雇员及其直系亲属提供医疗保障，约有 1000 万人通过家庭或个人购买私人健康商业保险来获得医疗保障，另有 8000 万人通过州政府对穷人的医疗救助及儿童健康保险计划获得医疗保障，此外还有 2700 万人没有被任何医疗保障计划覆盖，不得不自掏腰包支付包括医生诊断费、手术费以及处方费在内的全部医疗费用。根据美国非营利协会基金组织提供的数据，2009 年，已有超过 7900 万美国人挣扎在无法付清医疗账单的漩涡中，同时一项涉及美国五个州的个人破产的调查显示，2007 年因无法承担医疗费用破产的个人占46.2%。面对高昂的医疗费用，建立一个全民医疗保障体系成为美国人民的共同梦想。在这种情况下，2008年，成功当选美国第44任总统的民主党政治家奥巴马提出了《患者保护与平价医疗法案》，旨在构建起一个"广覆盖"且"低成本"，最终能为全体美国人民提供可以负担得起的医疗保险体系。但由于这项法案触动了医疗、保险集团的利益，所以遭到了共和党强烈的"政治上的抵制"。特朗普当选总统后，在宣誓就职不到24小时的时间内便以奥巴马医改方案强制个人纳保、增加个人医疗花费、增加工会对医疗保险赞助的成本、扰乱现有医疗保险计划以及政府对医疗卫生插手太多等为由而将其叫停，美国人的全民医保梦再次破碎了。针对诸如此类的状况，美国乔治城大学的查尔斯·库普乾教授曾撰文指出，"党派对抗阻挡了几乎所有问题的前进步伐。促进经济增长的法案要么未获通过，要么被明显打折而没有效果。移民改革和遏制全球变暖的立法甚至根本无法摆上桌面。无效的治理，加上日复一日的党派斗争，已经将公众对国会的支持率降至历史低点"。

西方国家旷日持久的政治恶斗不仅导致政策的难以延续，更发生了耸人听闻的政府关门"停摆"事件。2018年12月，由于特朗普政府与民主党在移民、保健、税务、边境安全等诸多方面存在分歧，尤其是在增加军费开支、终止"童年抵美者暂缓遣返"以及修建美墨边境隔离墙问题上分歧严重，从而导致包含修建隔离墙费用在内的拨款法案无法被国会通过，于是从12月22日开始，包括国务院、财政部、国安部、内政部，住房和城市发展部、交通部、司法部以及商务部等9个部门约1/4的美国联邦政府机构因没钱花而陷入"停摆"状态。政府"停摆"后，大约80万名政府工作人员被迫强制休假，一大批公共服务项目被迫中止，整个美国社会陷入一片混乱，严重影响了美国的经济发展和民众生活，很多政府雇员因缺乏稳定收入而无力支付房租、偿还信用卡和贷款。而事实上，自 1976 年以来，美国政府共关门 21 次之多，大批民众因此陷入生活窘境而苦不堪言，政党斗争的恶果最终只能由民众买单。针对这种混乱的政治运行方式，哈佛大学教授阿利森表示，美国的民主制度正表现出危险的症状，华盛顿已成为"功能失调首都"的缩写。美国《赫芬顿邮报》也发文称，虽然世界上的一些其他国家也面临着债务高企、国际制裁、内战、债务违约等问题，但都不会面临真正的政府关门现象，美国彻底沦为了全球"笑料"。

在这种日益加深的经济危机和政治危机之下，西方国家的社会危机也是层出不穷，危机发生的数量和频率都呈现出井喷之势。作为少数资本集团、权势集团和特权阶层利益的代表，资本主义的政治体制和经济制度把少数人的利益凌驾于大多数人的利益之上，而只为大资本家大寡头的利益服务，而普通民众的利益完全不在其考虑范围之内。正因如此，在西方国家，社会财富越来越往少数人手中集中，大部分人只能维持基本生活，贫富差距问题异常严重。美国联邦储备委员会最新发布的美国财富分布情况报告显示，截至 2021 年第二季度，美国收入最高的 1 % 的家庭总净资产为 36.2 万亿美元，是自 1989 年有数据统计以来，首次超过占总数 60 % 的中等收入家庭的总净资产（35.7 万亿美元）。也就是说，目前美国 70 % 的财富集中在收入前 20 % 的家庭中。疫情期间，这种贫富差距的程度继续扩大。美国《财富》杂志指出，新冠肺炎疫情期间，当数百万美国人纷纷失业、入不敷出的时候，美国亿万富翁的总净资产在疫情期间却增加了 1.8 万亿美元。2020 年，最富有的 1 % 的美国人拥有的财富增加了约 4 万亿美元，增量超过了最贫穷的 50 % 美国人拥有的财富总和。这种越来越大的贫富差距使得西方国家的社会矛盾越来越深，整个社会呈现一种严重的撕裂的状态。在这种不平等的顽疾之下，2011 年 9 月 17 日，大批美国民众走上街头，发起了"占领华尔街"运动。这些抗议者当中有学生、教师、老兵、应急人员、失业者以及未充分就业者，虽然他们有着不同的身份，但主要都是来自美国中下阶层，他们喊出了"99 % 反对 1 %""我代表 99 %，不再忍受 1 % 的贪婪与腐败"的口号。所谓"1 %"指的是占据社会财富 40 % 的美国超级富豪与权势阶层，而 99 % 指的则是无权无势的普通民众。参加抗议的人群指出，"在美国，1 % 的富人拥有着 99 % 的财富。我们 99 % 的人为国家纳税，却没有人真正代表我们。华盛顿的政客都在为这 1 % 的人服务"，这表明美国普通民众对于美国的"钱权政体"所造成的经济低迷、贪腐横行、就业艰难以及前途无望再也忍无可忍，他们迫切要求改变美国不平等、不公正的政治经济制度。"占领华尔街"运动一经发起便迅速蔓延至美国全境 847 座城市，这场始于金融中心纽约、由数百人发起的抗议活动最终演变为席卷全美的群众性社会运动。不仅如此，美国普通民众的呼声还引起了整个西方世界人民的广泛共鸣，包括德国法兰克福、加拿大多伦多、澳大利亚墨尔本、日本东京和爱尔兰科克等多个国家的重要城市也都分别举行了规模不同的"占领活动"。"占领华尔街"运动作为美国经济危机、社会危机以及制度危机全面爆发的标志，意味着美国的神话正在被打破，西方国家并不是所谓的乐园和天堂，而是存在着诸多难以克服的矛盾，如金融腐败和资本垄断等。

从经济危机到政治危机再到社会危机，西方的现代化之路总是起起伏伏、坎坎坷坷，有时还会发生大幅度衰落、倒退。相较于"西方之乱"，中国的现代化事业在中国共产党的坚强领导下则表现出无与伦比的稳定性，不仅在经济上实现了连续40年的长期稳步增长，整个社会更是呈现出一片和谐安定的景象。中国的现代化步伐之所以如此稳固，首先要得益于我国独一无二的政党制度，即中国共产党领导的多党合作和政治协商制度。不同于西方的两党制与多党制，也不同于个别国家的一党制，中国实行的是以"共产党领导、多党派合作，共产党执政、多党派参政"为基本特征的政党制度，除了执政的中国共产党，还有8个民主党派，即中国国民党革命委员会、中国民主同盟、中国民主建国会、中国民主促进会、中国农工民主党、中国致公党、九三学社以及台湾民主自治同盟，都在中国共产党的领导下参政议政。中国共产党与各民主党派长期共存、互相监督、肝胆相照、荣辱与共，共同致力于建设中国特色社会主义，共同参加国家政权，参与国家大政方针和国家领导人人选的协商，参与国家事务的管理，参与国家方针政策、法律法规的制定和执行，而不是轮流执政。通过多党合作和政治协商，一方面可以形成强大的社会整合力，把各种社会力量都纳入国家治理体系当中，充分调动各方面的积极性，广集民智、广求良策，既尊重了多数人的意愿，又照顾了少数人的合理要求，最大限度地保障了党和国家决策的科学化、民主化；另一方面则可以最大限度地避免西式民主因两党制或多党制而引发的恶性竞争、互相拆台、效率低下、社会撕裂，甚至政局不稳和政权频繁更迭的乱象，最大程度地避免社会内耗，维护安定团结的社会局面。除此之外，中国共产党和各民主党派之间还相互监督，极大地避免和克服了各类官僚主义和消极腐败现象的滋生，杜绝了由于缺乏监督而导致的种种弊端。独具中国特色的协商民主以党际合作代替了斗争与对立，开辟了良好的政治局面：既坚持中国共产党的坚强领导，又体现广泛民主；既保持一致性，又体现多样性；既规范有序，又充满活力。在中国共产党的正确领导下，在各民主党派的广泛参与下，中国在各项方针政策的制定上表现出强烈的一贯性、延续性和坚定性，在战略的执行上表现出强烈的贯彻力和执行力。从 1953 年第一个"五年计划"开始，到现在的第十四个"五年规划"，中国共产党以"千磨万击还坚劲，任尔东西南北风"的气魄既做到"一张蓝图绘到底"，同时又根据不同发展时期面临的具体任务因时而变、顺势而为，既立足当前又着眼未来，既深谋远虑又切实可行，从而在保持发展目标和路径连续稳定的同时，又避免了大起大落，确保了我国的现代化事业能够平稳有序地朝着既定目标稳中求进、行稳致远。

除了强大的政治优势，我国的社会主义市场经济体制也是全世界最有韧劲的体制。不同于西方国家绝对放任自由的市场经济制度，我国实行的是社会主义市场经济体制，即把"有效的市场"与"有为的政府"有机地结合在一起，使市场在社会主义国家的宏观调控下对资源配置起决定性作用。社会主义市场经济体制一方面充分发挥了市场经济所具有的信息灵敏、效率较高、激励有效、调节灵活的优点，极大增强了经济发展的活力和效率，让一切有利于经济发展的要素主体得到了施展，让一切劳动、知识、技术、管理和资本的活力竞相进发，让一切创造社会财富的源泉充分涌流。同时又通过加强政府的宏观作用，从长远和全局角度对经济布局加以调控，不仅可以避免资本的恶性膨胀与无序扩张，同时还可以提高国家经济运行的前瞻性、主动性，做到提前规划、未雨绸缪、有备无患，从而达到保持宏观经济稳定、加强和优化公共服务、保障公平竞争、加强市场监管、维护市场秩序、推动可持续发展、促进共同富裕、弥补市场失灵的目的。通过"有形的手"与"无形的手"相结合,中国的经济发展不仅有强劲的动力,而且当面对各种风险挑战的时候也有足够的韧劲与弹性,从而总能保持总体平稳、稳中有进、稳中向好的发展势头。从 1979 年到 2018 年,中国经济的年平均增长率高达 9.4%,而同期世界经济年均增速仅为 2.9% 左右,中国是其 3 倍还多。并且,从 2006 年起,中国已经连续 15 年成为世界经济增长的最大贡献国,连续多年对世界经济增长的平均贡献率超过 30%,成为世界经济增长的主要引擎。无论是在 2008 年的全球经济危机还是 2020 年的世纪疫情之下,中国经济的发展逻辑都丝毫没有改变,稳健的步伐也没被打乱,虽然受到了一定冲击和影响,但中国经济所显示出的强大修复力和旺盛生机活力是举世无双的。

2008 年,由于受到国际金融危机的巨大冲击,全球经济陷入前所未有的衰退浪潮,作为全球经济体系中的重要一环,中国不可避免地受到了影响,经济发展面临严峻考验。在这种情况下,西方国家又抛出了所谓的"中国经济崩溃论""中国社会崩溃论"等唱衰论调。然而,在危机面前,我们的党和政府迅速反应、积极应对,发挥集中力量办大事的制度优势,坚持全国一盘棋,动员全社会力量,调动各方面资源,迅速形成抗击危机的强大合力,展现了中国力量、中国精神、中国效率,通过加强产业振兴、扩大消费、金融支持、稳定就业等宏观调控举措,打造了一道防范危机的"经济长城",及时有效地调整了经济结构,转变了经济发展方式,从而将经济危机的破坏和影响降到了最低程度。通过充分发挥我国社会主义市场经济体制所具有的强大韧性，中国表现出强大的缓冲能力，不仅成功地抵御了外部冲击，成为全世界最早走出经济危机阴霾的国家，同时还为全球经济的复苏做出了巨大贡献。正如英国莱斯特大学经济学教授、世界银行顾问帕尼科·德梅特里亚德在 2009 年初所指出的："中国正在对世界经济发展做出特殊的贡献并将在应对此次危机中发挥积极作用。"到了2020 年，经济危机的阴影仍未彻底消散，而肆虐全球的新冠肺炎疫情又为世界经济发展蒙上了新的阴影。随着疫情的持续蔓延，许多西方国家的消费和经济运行不得不按下暂停键，其原本就低迷不振的经济状况变得更加雪上加霜。国际货币基金组织 2020 年 10 月发布的《世界经济展望报告》显示，在疫情影响下，2020 年世界经济会萎缩超过 4.4 %，在全球主要大国中，美国经济将衰退 4.3 %，欧元区经济将衰退 8.3 %，并且复苏的前景非常漫长、不均衡且高度不确定。当西方国家纷纷陷入经济低迷负增长的时候，中国通过构筑疫情防控的"全民防线"和落实常态化的疫情防控举措，不仅有效遏制了疫情的蔓延，维护了广大人民群众的生命财产安全，同时还为有序地复工复产打下了坚实基础。2020 年 10 月，当西方国家疫情持续扩散、居高不下的时候，中国的各项经济增长指标就已经恢复至常态化水平，工业企业全面复工复产，餐饮、线下商场、旅馆、影院等也都恢复了七成左右，从而使中国成为 2020 年全球唯一实现经济正增长的主要经济体，全年经济增长率保持在 2.3 %，经济总量首次迈上 100 万亿的新台阶。对此，美国《华尔街日报》在 2020 年 12 月 15 日刊文指出，"中国经济活动在 11 月延续了回暖势头，出现了全面复苏，在动荡的一年接近尾声之际，这个世界第二大经济体有了更坚实的基础"。西班牙《国家报》也发表了《中国赢得全球经济比赛》的报道，高度称赞中国是 2020 年受到疫情冲击的全球主要市场中的最大例外，中国经济的持续增长是"给世界经济的一份礼物"！

通过坚持走中国特色社会主义道路，中国谱写了世所罕见的经济快速发展和社会长期稳定的奇迹，所谓的"亨廷顿悖论""中等收入陷阱"在中国统统被证伪了。在中国共产党的坚强领导下，全国上下一条心、一盘棋，把中国特色社会主义所具有的制度优势、思想优势、人心优势等全面激发了出来并使其叠加放大，最终成功应对了各种重大风险挑战，克服了各种艰难险阻、各种复杂局面，守住了不发生系统性风险的底线。当整个西方世界变乱交织、乱象丛生的时候，中国却保持着稳中向好、长期向好的发展势头，处在近代以来最好的发展时期，宛如大江大河冲出高山、奔向大海，不可阻挡。面对中国经济社会发展的强大弹性、韧性，唱衰中国经济的预言一一落空，中国以"风景这边独好"的举世瞩目的成就征服了全世界。当前，尊重中国发展成就，顺应中国发展大势，拥抱中国发展机遇，分享中国发展红利，日益成为越来越多国家和人民的共识。

## 第四节　中国道路创造了民族复兴的奇迹

随着中国特色社会主义道路的不断发展与完善、我国的经济实力的显著进步、综合国力的不断增强、人民生活水平的持续改善，中国早已不是过去那副贫困落后、挨打被欺的旧模样，原来被西方称为一推就倒的"泥足巨人"现在已经成为完全苏醒的"东方雄狮"。现如今，"China"已经成为各国新闻报道中的高频词，关于中国的方方面面都是国际媒体竞相报道、深入分析的对象。世界期待中国，中国亦惊艳世界。在强大的综合国力的保证下，中国不仅在全球事务中频频积极作为，更是在各项重大活动中表现出强大的实力担当，既以璀璨的东方神韵震撼了全世界，又把中国精神、中国速度与中国智慧传遍了全球。随着中国国际形象的不断提升以及国际地位和国际影响力的持续增强，中国正前所未有地靠近世界舞台中心，前所未有地接近实现中华民族伟大复兴的目标，一个无比繁荣、强大、自信的中国出现在了世人面前。

1908年，《天津青年》杂志刊登了一篇介绍第四届伦敦奥运会的文章并提出了振聋发聩的"奥运三问"，即：中国何时能派出一位运动员参加奥运会？中国人何时能在奥运赛场上独得锦标？中国何时能举办一届奥运会？从此，中国人的奥运梦便开始生根发芽。然而，在积贫积弱、内忧外患的年代，"更快、更高、更强"的奥林匹克盛会之于中国，只是一个遥不可及的梦。但梦虽远，行必至。随着新中国的成立和中国特色社会主义事业的蓬勃发展，那颗埋在历史记忆深处的奥运种子最终绽放出绚丽的花朵并结满累累硕果。1993年，中国向国际奥委会递交承办2000年夏季奥运会的申请书，结果仅以两票之差与2000年夏季奥运会的举办权失之交臂。1999年，中国再次站在申奥起跑线上。此时的中国在经过改革开放的洗礼后，正以崭新的面貌跨入新世纪，并以饱满的热情欢迎全世界朋友来领略中国的风采。经过激烈的角逐后，2001年7月13日，国际奥委会主席萨马兰奇在莫斯科宣布北京成为2008年夏季奥运会主办城市。在这场国与国之间综合实力的竞争中，中国之所以能最终脱颖而出，最为根本的是缘于中国的不断发展壮大。中国的申奥成功，成为中华民族从屈辱走向站起来、富起来、强起来这个过程中的一个时代标记。

世界给中国一个机会，中国还世界一个惊喜。2008 年 8 月 8 日 20 时 08 分，北京奥运会在一场气势恢宏、创意非凡、科技感十足的开幕式中拉开了帷幕。整个开幕式高潮迭起、亮点纷呈，为全世界奉献了一出"用世界语言讲述中国故事"的视听盛宴，击缶而歌、水墨画卷、古老汉字、传统京剧、丝绸之路、昆曲、风筝、太极拳，中国以"绘画长卷"的方式把中华民族的悠久历史、灿烂文化以及中国改革开放的建设成就和当代中国人民的精神风貌淋漓尽致地展现了出来。这一夜，全世界 40 亿观众，约占世界总人口 2/3 的人都被中国的文化、艺术与美所折服，都陶醉在巨大的感官震撼中。对于北京奥运会开幕式所带来的视听盛宴，全世界人民无不齐声赞叹，纷纷用"完美""震撼""辉煌"等词来表达自己对中国的肯定。英国《金融时报》专门开辟专版对北京奥运的盛况进行报道，认为开幕式将中国传统与华丽的表演完美地结合，没有任何其他主办奥运会的城市能够与北京在表演的独创性和整齐划一上相媲美，开幕式已使中国在奥运会开幕式竞争中赢得了一枚金牌。法国《费加罗报》则用"仲夏夜之梦"来形容这一盛典。报道说："这是一个属于中国的夜晚，温柔如梦境一般。一个富有中国特色的、盛大的开幕式，整场表演游走于艺术与科技、历史与未来之间，时间在此刻凝固，这是欢庆的时刻，这是奥运会的时刻！"新加坡《联合早报》的社论说，开幕式上的文艺表演把博大精深和光彩照人的古今中华文明，创造性地展现在世人面前，其气派和精彩程度不仅令人叹为观止，而且也超乎人们的想象。《哈萨克斯坦真理报》的文章说，在这个真正的童话之夜，全世界近

40亿观众目睹了历史上最引人入胜的一场华彩演出，而每一个有幸置身于北京的人都会永远记住那些神奇的瞬间。德国《世界报》也认为，奥运会从未有过如此辉煌的开幕式。曾主持过巴塞罗那、亚特兰大、悉尼和雅典奥运会开幕式转播的鲍勃·科斯塔斯在美国全国广播公司的节目中说，北京奥运会开幕式"超越了所有最高级形容词"，取得了令人震撼的成就。美国哥伦比亚广播公司在闭幕式文字直播中更是不断赞叹：北京奥运会的唯一"不足"，是使今后的奥运会开幕式、闭幕式和这一次相比都会相形见绌。

除了令人叹为观止的开幕式，北京奥运会在场馆建设、生态环境、网络信息、食品安全和赛事组织等方面，也都达到了世界先进水平。作为北京奥运会的主体育场，鸟巢纵横交错的曲形钢设计使它成为一件巨大的艺术品，而国家游泳中心"水立方"作为世界上最大的膜结构工程更是美轮美奂，超一流的场馆和设施给全世界运动员提供了一个展现自我、超越自我、实现梦想的舞台，也为各国运动员创造世界纪录提供了有力支撑和保障。当然，北京奥运会期间的餐饮、住宿、交通、商业服务等全方位服务保障工作也赢得广泛好评，中国凭借着强大的组织协调能力和出色的运行保障能力给全世界留下了深刻印象。2008年8月3日，美国《洛杉矶时报》在头版刊登了题为《感觉今非昔比》的文章，对北京几十年间发生的巨大变化表示惊叹，认为在中国积极准备北京奥运会之际，全世界的目光都集中在中国所取得的辉煌成就上，中国过去的落后面貌已渐渐淡出人们的视线。埃及《金字塔周报》也发表文章称，北京奥运会将为世界提供一个前所未有的观察中国古都北京的平台。实施改革开放以来，中国日益走向世界，而世界也在日益走近中国。成功举办北京奥运会将使中国在世界上获得越来越多的欢迎。乌干达《新景报》也赞美道，北京奥运会将成为世界第八大奇迹，只有置身于北京，才能真切体会到曾建造万里长城的中华民族要创造新的世界奇迹的决心。上万名志愿者的热情服务，梦幻般的奥运设施以及应用于体育和通讯领域的最先进技术，给所有人留下难以磨灭的印象。

鉴于中国强大的综合实力，时隔 14 年后，奥运会再次选择了中国。2013 年 11 月 3 日，中国奥委会正式致函国际奥委会，提名北京市为 2022 年冬奥会的申办城市。经过与哈萨克斯坦的阿拉木图、挪威的奥斯陆、波兰的克拉科夫、乌克兰的利沃夫、瑞典的斯德哥尔摩、德国的慕尼黑和瑞士的达沃斯等一大批竞争者的激烈角逐，2015 年 7 月 31 日，在国际奥委会第 128 次全会的投票环节中，北京最终再次脱颖而出，正式当选为 2022 年冬季奥运会主办城市。北京由此成为全世界唯一一个既举办过夏季奥运会又举办冬季奥运会的"双奥之城"。2022 年 2 月，当奥林匹克圣火再次在北京的夜空燃起的时候，中国再一次让世界惊叹。中国克服了新冠肺炎疫情的影响，为全世界奉献了一场简约、安全、精彩的奥运盛会，强大的综合国力使得中国在疫情肆虐全球的时候还可以安全地组织起这么大型的国际体育赛事。冬奥会期间，让外国运动员连声称酷的机器人应用、超可爱的冬奥会吉祥物冰墩墩和雪容融、世界上最长跳台滑雪赛道的"雪如意"、全球首个采用二氧化碳跨临界直冷制冰的速滑馆，都让世界重新认识了一个一年一变、飞速发展的中国，向世界展示了中国人民"言必信、行必果"的一诺千金。不仅如此，在"一起向未来"价值理念的指导下，北京冬奥会所践行的可持续性发展理念和对环境保护的重视等让世人印象深刻。从开幕式以"微火"代替"大火"，到北京冬奥会的所有场馆、大部分交通保障都使用绿色能源，再到北京对生态环境的不断改善，北京冬奥会成了迄今为止第一个实现"碳中和"的冬奥会，对世界的"双碳"进程作出了贡献。中国绿色、共享、开放、廉洁的办奥理念，以及全力克服新冠肺炎疫情影响、精心做好筹办工作、确保北京冬奥会如期开幕的各项有力举措，充分展现了"维护世界和平"的奥林匹克运动初心，弘扬了"团结应对国际社会共同挑战"的奥林匹克运动精神，践行了"持续推动人类进步事业"的奥林匹克运动宗旨，得到了全世界人民的由衷赞赏。诚如荷兰速度滑冰名将克罗尔所说，"如果只有一个国家能（在现在这种情形下）举办冬奥会，那一定是中国"。如果说2008年的北京夏季奥运会让世界认识了中国，让中国证明了自己，让中国开始走向世界，那么2022年的北京冬季奥运会，则是让世界走近中国，让中国来引领世界，一个更加信念坚定、步履稳健、神采飞扬的中国呈现在世界面前。

国运兴则体育兴，体育强则中国强。中国人的百年奥运圆梦过程实际折射出的是中国从过去的百废待兴到奋起直追再到迈向世界舞台中央的一次又一次的历史性飞跃。从100多年前的"奥运三问"到2008年的"百年圆梦"再到今天的"双奥之城"，从"一个人的代表团"单枪匹马奔赴盛会到今天中国奥运军团士气豪壮地在家门口斩金夺银，中国的百年奥运历程见证了一个民族伟大复兴的脚步，中国体育事业的发展水平标注着中国今天的世界地位和历史方位。20世纪20年代，在中国共产党诞生的同一个时代，《纽约时报》驻华首席记者哈雷特·阿班曾为中国的处境而悲痛："作为国家的中国已然不复存在，留下的只有成千上万的中国人生活在苦难之中。"而到了今天，同样是《纽约时报》的文章，却被中国速度、中国力量、中国奇迹所彻底征服，高喊"西方最好还是研究一下中国戏剧般崛起背后的理念"。从西方媒体眼中的中国形象的巨大转变可以看出，今天的中国，已经成为国际舞台上一股不可忽视的重要力量，正前所未有地靠近世界舞台中心，前所未有地接近实现中华民族伟大复兴的目标，前所未有地具有实现这个目标的能力和信心。在诸多的国际事务和重大议题面前，中国都扮演着至关重要的角色，国际社会期待听到中国声音、看到中国方案，如果缺少了中国的积极参与，很多重大的国际事务可能会无法得到解决。当然，对于世界的期待，中国也从来不会缺席，更从未辜负过众望，而是主动承担起大国责任、展现大国担当。在经济全球化发展大势中，中国积极实施"一带一路"倡议，参与世贸组织的多边和诸边谈判、高标准自由贸易区建设、中美中欧投资协定、亚投行建设等，全方位开放新格局不断取得突破，国际治理能力水平大大提升；在全球治理体系重构大势中，中国积极参与联合国大会、巴黎气候峰会、核安全峰会、G20 峰会、世界互联网大会等会议，并在其中发挥了关键性作用，在维护世界和平和正义，建设国际经济金融领域、新兴领域、周边区域合作等方面的新机制、新规则上付出了累土聚沙者的艰辛努力，国际影响力、感召力和塑造力正前所未有地凸显出来。2010 年，一本名为《当中国统治世界：中国的崛起和西方世界的衰落》的书登上了多个国家的畅销书榜单，该书的作者、英国剑桥大学政治与国际关系学院资深研究员马丁·雅克如是说："21 世纪西方将不再占据主导地位，中国崛起改变的将不仅是世界经济格局，还将彻底动摇我们的思维和生活方式。"中华民族伟大复兴的目标，从未像今天这样靠近。中国共产党领导下的中国在世界经济和全球治理中的分量迅速上升，正成为影响世界政治经济版图变化的一个主要因素。马丁·雅克敏锐地发现，中国之所以能够快速崛起，最为根本的就在于它没有按照西方发达国家所代表的现代化发展模式来发展自己，而是保持着高度鲜明的本国特色。正是这条具有鲜明中国特色的社会主义之路使中国走上了大踏步赶上时代、引领时代发展的康庄大道，也使得中华民族的伟大复兴按下了"快进键"、跑出了"加速度"，使中华民族伟大复兴进入了不可逆转的历史进程。

# 第四章

# 中国道路贡献中国智慧

在庆祝中国共产党成立100周年大会上，习近平总书记庄严向世界宣告："我们坚持和发展中国特色社会主义，推动物质文明、政治文明、精神文明、社会文明、生态文明协调发展，创造了中国式现代化新道路，创造了人类文明新形态。"①中国以自身的发展成就证明，中国道路可以作为一条后发国家现代化的可行路径。这一思想正源于中国道路的独特智慧，即坚持工具理性与价值理性、财富增长与生态保护的协调一致、相得益彰。

---

① 习近平：《在庆祝中国共产党成立100周年大会上的讲话》，人民出版社2021年版，第13—14页。

# 第一节 中国道路实现了物质文明 与精神文明的相得益彰

发展道路是每个国家发展都必须首先考虑的问题，中国开辟了一种不同于世界既定的发展方向，形成了具有中国特色风格、气派的发展道路，这条道路的独特性首先在于它坚持工具理性与价值理性的融合，具体而言，就是在国家发展上始终坚持物质文明与精神文明的共进、科学精神与人文精神的协调。

中国道路以社会主义为基本定向，坚持以人民为中心，满足人民日益增长的美好生活需要，客观上要求物质文明与精神文明共同发展。马克思主义唯物史观认为，经济基础决定上层建筑，上层建筑对经济基础具有反作用，社会发展是以物质文明和精神文明共同进步为前提和目标的。中国道路的开拓、发展始终以马克思主义为指导思想，我们党一直旗帜鲜明地坚持注重推动物质文明和精神文明协调发展。

不论是在革命还是在社会主义现代化建设的道路选择上，我们党始终坚持物质文明与精神文明"两手抓、两手都要硬"的战略方针。早在1940年，毛泽东同志就提出："我们不但要把一个政治上受压迫、经济上受剥削的中国，变为一个政治上自由和经济上繁荣的中国，而且要把一个被旧文化统治因而愚昧落后的中国，变为一个被新文化统治因而文明先进的中国。"① 新中国成立后，毛泽东同志又指出："中国人民业已有了自己的中央政府。……它将领导全国人民克服一切困难，进行大规模的经济建设和文化建设，扫除旧中国所留下来的贫困和愚昧，逐步地改善人民的物质生活和提高人民的文化生活。"② 这是在革命和社会主义建设初期，毛泽东同志为中国道路"两个文明"协调发展所确立的方向。

党的十一届三中全会后，社会主义现代化进入新时期，在现代化道路的选择与原则指定上，党中央高度重视物质文明与精神文明协调发展。邓小平同志指出："我们要在建设高度物质文明的同时，提高全民族的科学文化水平，发展高尚的丰富多彩的文化生活，建设高度的社会主义精神文明。"③ 强调物质文明和精神文明"两手抓、两手都要硬"。江泽民同志指出："建设有中国特色社会主义，包括发展物质文明和精神文明两个方面，必须实现经济、社会的协调发展和全面进步。"胡锦涛同志指出："必须把发展社会生产力同提高全民族文明素质结合起来，推动物质文明和精神文明协调发展，更加自觉、更加主动地推动文化大发展大繁荣。"④

党的十八大以来，中国特色社会主义进入新时代，在中国道路的前进方向上，习近平总书记高度重视物质文明和精神文明协调发展，强调"以辩证的、全面的、平衡的观点正确处理物质文明和精神文明的关系"⑤，"只有物质文明建设和精神文明建设都搞好，国家物质力

---

① 《毛泽东选集》第 2 卷，人民出版社 1991 年版，第 663 页。
② 《毛泽东文集》第 5 卷，人民出版社 1996 年版，第 348 页。
③ 《邓小平文选》第 2 卷，人民出版社 1994 年版，第 208 页。
④ 《胡锦涛文选》第 3 卷，人民出版社 2016 年版，第 163 页。
⑤ 《习近平关于社会主义文化建设论述摘编》，中央文献出版社 2017 年版，第 126—127 页。

量和精神力量都增强，全国各族人民物质生活和精神生活都改善，中国特色社会主义事业才能顺利向前推进"①。2022 年 2 月 4 日，烟花点亮"鸟巢"上空，北京冬奥会让世界领略了中华文化和奥林匹克精神的和合共生，感受到新时代中国自信、包容、开放的大国形象。习近平总书记指出："一个民族的复兴需要强大的物质力量，也需要强大的精神力量。没有先进文化的积极引领，没有人民精神世界的极大丰富，没有民族精神力量的不断增强，一个国家、一个民族不可能屹立于世界民族之林。"② 在现代化的道路选择上，习近平总书记一直强调物质、精神的协调推进，坚持现代化不仅是物质财富的进步，精神文化的提升也非常重要，心中有信仰，脚下才有力量。

新时代中国共产党人非常重视精神文明建设与中国精神的弘扬。2013 年 3 月，习近平总书记在第十二届全国人民代表大会第一次会议的讲话中指出："实现中国梦必须弘扬中国精神。这就是以爱国主义为核心的民族精神，以改革创新为核心的时代精神。这种精神是凝心聚力的兴国之魂、强国之魂。爱国主义始终是把中华民族坚强团结在一起的精神力量，改革创新始终是鞭策我们在改革开放中与时俱进的精神力量。全国各族人民一定要弘扬伟大的民族精神和时代精神，不断增强团结一心的精神纽带、自强不息的精神动力，永远朝气蓬勃迈向未来。"③ 2013 年 9 月 26 日，习近平总书记在会见第四届全国道德模范及提名奖获得者时的讲话中指出："中华文明源远流长，蕴育了中华民族的宝贵精神品格，培育了中国人民的崇高价值追求。自强不

---

① 《习近平谈治国理政》第 1 卷，外文出版社 2014 年版，第 153 页。
② 《习近平关于社会主义文化建设论述摘编》，中央文献出版社 2017 年版，第 7 页。
③ 《习近平谈治国理政》第 1 卷，外文出版社 2014 年版，第 40 页。

息、厚德载物的思想，支撑着中华民族生生不息、薪火相传，今天依然是我们推进改革开放和社会主义现代化建设的强大精神力量。"①2014 年 3 月 27 日，习近平主席在联合国教科文组织总部的演讲中指出："中华文明历来把人的精神生活纳入人生和社会理想之中。所以，实现中国梦，是物质文明和精神文明比翼双飞的发展过程。随着中国经济社会不断发展，中华文明也必将顺应时代发展焕发出更加蓬勃的生命力。"②

为了褒奖在中国特色社会主义建设中作出突出贡献的杰出人士，弘扬民族精神和时代精神，全国人民代表大会常务委员会决定授予 42 人"共和国勋章"和国家荣誉称号。2019 年 9 月 29 日，国家勋章和国家荣誉称号颁授仪式在人民大会堂隆重举行。张富清便是"共和国勋章"的获得者。张富清 1948 年 3 月参加中国人民解放军，同年 8 月加入中国共产党。在西北解放战争中，他英勇战斗、舍生忘死，先后荣获一次特等功、三次一等功、一次二等功，获得两次"战斗英雄"称号。新中国成立后，张富清将这些军功章锁进皮箱，从未与他人说起，连妻儿都不清楚。直到 2018 年 12 月，在国家开展的退役军人信息采集工作中，这位老兵的传奇故事才逐渐为人们所熟知。在颁授仪式上，张富清因行动不便，坐着轮椅上台，习近平总书记弯腰上前，郑重地把勋章戴在他胸前。习近平总书记动情地说："今天受表彰的国家勋章和国家荣誉称号获得者，是千千万万为党和人民事业作出贡献的杰出人士的代表。他们身上生动体现了中华民族精神和社会

①《习近平谈治国理政》，外文出版社 2014 年版，第 158 页。
②《习近平关于社会主义文化建设论述摘编》，中央文献出版社 2017 年版，第 5 页。

主义核心价值观，他们的事迹和贡献将永远写在共和国史册上！"① 正是这种精神的延续和发展，我们的事业、我们的道路才得以顺利发展，"当高楼大厦在我国大地上遍地林立时，中华民族精神的大厦也应该巍然耸立"②。

　　当然，中国道路在发展上注重工具理性与价值理性的相得益彰还表现在遵循科学精神与人文精神的协调上。中国道路，特别是中国式现代化道路离不开科学，科学是人类实现现代化的基本推动力量。我们在中国道路的发展过程中，历来非常重视科学精神。毛泽东在《新民主主义论》里谈到建设"科学的"新民主主义的文化，"它是反对一切封建思想和迷信思想，主张实事求是，主张客观真理，主张理论和实践一致的"③。邓小平提出"科学技术是第一生产力"④ 的观点，非常重视科学技术在社会和经济发展中的作用。江泽民强调："科学精神是人们科学文化素质的灵魂"，"弘扬科学精神更带根本性和基础性。有了科学精神的武装，大家就会更加自觉地学习科学知识，树立科学观念，掌握科学方法。"⑤ 胡锦涛指出："科学精神是科学技术的灵魂"，"要在全社会大力普及科技知识，弘扬科学精神，不断提高全民族的科学文化素质。"在新时代，习近平总书记也多次强调："科学家精神是科技工作者在长期科学实践中积累的宝贵精神财富"⑥，并重

---

　　① 习近平：《习近平总书记在出席庆祝中华人民共和国成立 70 周年系列活动时的讲话》，人民出版社 2019 年版，第 2 页。

　　② 习近平：《在文艺工作座谈会上的讲话》，人民出版社 2015 年版，第 4 页。

　　③《毛泽东选集》第 2 卷，人民出版社 1991 年版，第 707 页。

　　④《邓小平文选》第 3 卷，人民出版社 1993 年版，第 274 页。

　　⑤《江泽民文选》第 3 卷，人民出版社 2006 年版，第 35 页。

　　⑥ 习近平：《在科学家座谈会上的讲话》，人民出版社 2020 年版，第 11 页。

点阐述了爱国精神和创新精神，强调"科学无国界，科学家有祖国"①，科技工作者要把自己的科学追求融入建设社会主义现代化国家的伟大事业中去，树立敢于创造的雄心壮志，努力实现更多"从0到1"的突破，不断向科学技术广度和深度进军。

在科学精神的推动下，我们的道路越走越宽、越走越实。1958年，我国第一台电子管计算机试制成功，随后半导体三极管、二极管相继研制成功；1959年，李四光等人提出"陆相生油"理论，打破了西方学者的"中国贫油"说；1964年，第一颗原子弹爆炸成功，第一枚自行设计制造的运载火箭发射成功；1967年，第一颗氢弹空爆成功；1970年，"东方红一号"人造地球卫星发射成功；1971年，中国自己制造的第一艘核潜艇下水；1973年，袁隆平在世界上首次成功培育籼型杂交水稻；1983年我国第一台亿次级电子计算机银河计算机研制成功；1988年，我国第一座高能加速器——北京正负电子对撞机建造完成；从1999年起，我国神舟一号飞船经过了4次无人飞行的实验并获得成功，揭开了我国航天史上崭新的一页；2003年，神舟五号飞船载着中国第一位航天员杨利伟升上太空，载人航天飞行第一次成功；2009年，中国第一个南极内陆科学考察站——昆仑站，在南极大陆内陆正式建成。进入新时代以来，C919大型客机、北斗卫星导航系统、"复兴号"动车组、歼－20战斗机、"辽宁号"航空母舰、"墨子号"量子科学实验卫星、天宫二号空间实验室、天河二号超级计算机、"天眼"FAST、"玉兔二号"巡视器、长征五号运载火箭等"硬核"中国科技成就频现，中国道路取得了举世瞩目的成功。

---

① 习近平：《在科学家座谈会上的讲话》，人民出版社2020年版，第12页。

我们的发展道路确实需要科学技术的推动，也需要科学精神的支撑，但不能走向唯科学主义。在世界历史发展实践中，各个国家也走过了大致相似的发展道路，最初总是从工具理性的角度来考虑"怎么才能够发展得更快"，这就陷入了科技至上的误区，忽视了价值理性的追问，即思考"为什么要发展"这个根本问题。我们的发展道路也走过一些弯路，但我们党很快深刻地认识到了发展的根本之道，认识到科技只是一种手段，最终是为了服务人，从而赋予了中国道路深厚的人文精神，使得我们在发展道路上科学精神与人文精神相得益彰。

依靠中国道路我们取得了很多伟大成就，1970 年 4 月 24 日，经过广大参研参试人员多年的不懈努力，我国第一颗人造地球卫星"东方红一号"发射成功。作为"两弹一星"工程的重要组成部分，"东方红一号"卫星的成功发射，拉开了中华民族探索宇宙奥秘、和平利用太空、造福人类的序幕。2020 年，孙家栋、王希季、戚发轫、胡世祥、潘厚任、胡其正、彭成荣、张福田、陈寿椿、韩厚健、方心虎等 11 位参与"东方红一号"任务的老科学家给习近平总书记写信，回顾了中国航天事业发展的辉煌历程，表达了对实现中国梦、航天梦的坚定信心。习近平总书记在回信中指出："50 年前，'东方红一号'卫星发射成功，我在陕北梁家河听到这一消息十分激动。当年，你们发愤图强、埋头苦干，创造了令全国各族人民自豪的非凡成就，彰显了中华民族自强不息的伟大精神。老一代航天人的功勋已经牢牢铭刻在新中国史册上。不管条件如何变化，自力更生、艰苦奋斗的志气不能丢。新时代的航天工作者要以老一代航天人为榜样，大力弘扬'两弹一星'精神，敢于战胜一切艰难险阻，勇于攀登航天科技高峰，让中国人探索太空的脚步迈得更稳更远，早日实现建设航天强国的伟大梦想。""东方红一号"卫星技术负责人、神舟飞船总设计师戚发轫院士在回顾"两弹一星"研制过程时曾表示，"一切要靠自己，不能靠别人。当年是这样，现在也是这样"。坚持科技创新的独立品格，绝不意味着把自己囚于封闭的孤岛：一方面，要善于学习一切国家的长处；另一方面，要坚持人类命运共同体的发展理念，科技创新成果不应该被封锁起来，不应沦为少数人牟取私利的工具，而是要让科技创新为更多国家和人民所及、所享、所用。这就显示出，国家的发展、民族的进步需要的是科学精神与人文精神的统一，这才是中国道路应该具有的品格。

## 第二节　中国道路实现了财富增长与生态保护的双赢并进

从静态角度看，现代化是富裕、繁荣、文明的象征，而从动态角度看，现代化则是人不断利用自然改造自然，从而向现代工业文明社会转变的世界性历史过程。因此，尊重自然、顺应自然、保护自然是现代化的基本前提。从 18 世纪下半叶起，西方国家率先发动工业革命，其现代化进程也由此揭开序幕。工业革命通过建立以煤炭、冶金、化工为基础的生产体系，使得大量的财富被源源不断地创造出来，但由于资本主义生产方式本身是以资本为核心、以逐利为目的的，所以它同时又走上了一条以过度开发、过度消耗和过度浪费为特征的现代化之路，走上了以大规模破坏自然和污染环境来助推现代化的道路。西方国家把自然当成取之不尽、用之不竭的仓库，肆意地开掘、索取和排放。因此，当西方国家为其取得的现代化文明扬扬得意的时候，隐藏在其背后的实际是资源的过度消耗、生态的过度破坏以及对未来的过度透支，是"触目惊心的生态破坏"与"难以弥补的生态创伤"，正如美国学者约翰·贝拉米·福斯特在《生态危机与资本主义》一书所指出的："生态危机与资本主义是一种相伴而生的关系，因为资本主义体制把追求利润增长作为首要的目的，因此就要牺牲环境及他人的利益，采取投资短期行为而一味地追求经济增长，其后果就是环境的快速衰退。"① 在工业革命的一百年里，英国从一开始"快乐的英格兰"变成了煤烟滚滚、污水横流的"雾都"，正如历史学家保尔·芒图在《十八世纪产业革命：英国近代大工业初期的概况》这本书中所描绘的，城市是如此丑陋、黝黑，被烟雾包围着。英国作家狄更斯更是把这称为"伦敦特色"。然而，对于这种以牺牲环境为代价的工业化和现代化模式，西方国家没有及时加以扭转，而是变本加厉，以至于全球生态问题愈演愈烈。正如恩格斯所告诫道的，"不要过分陶醉于我们对自然界的胜利。对于每一次这样的胜利，自然界都对我们进行报复"②，到了 20 世纪中叶，西方国家发生了骇人听闻的八大环境灾难事件，包括比利时的"马斯河谷烟雾事件"、英国的"伦敦烟雾事件"、美国的"洛杉矶化学烟雾事件""多诺拉镇烟雾事件"、日本的"水俣病事件"，"富山骨痛病事件""米糠油事件""四日市气喘病事件"。资本主义完全置自然的承载力于不顾，把人和自然割裂开来的发展方式，非但没有给人带来福祉，反而带来

---

① 约翰·贝拉米·福斯特：《生态危机与资本主义》，上海译文出版社 2006 年版，第 5 页。

②《马克思恩格斯文件》，人民出版社 2009 年版，第 559 页。

了无尽的灾难。正如习近平总书记所指出的："人类进入工业文明时代以来，传统工业迅猛发展，在创造巨大物质财富的同时也加速了对自然资源的攫取，打破了地球生态系统原有的循环和平衡，造成人与自然关系紧张。"①

随着生态危机的愈演愈烈，愈来愈无法承受环境污染之重的西方国家最终不得不回过头来偿还生态欠债。然而，它们偿还生态欠债的方式不是彻底转换发展思路，实现人与自然的和谐可持续发展，而是以污染转移的形式把自身的危机转嫁到他国身上，以祸水外引的方式来让自己"幸免于难"。为了改善国内环境，缓解社会矛盾，已经实现现代化的西方国家开始借助全球化的浪潮不断将自己的一些高污染、高排放的落后产业转移到其他国家，甚至把一些有害垃圾和污染物转移至落后国家，以一种"生态殖民"的方式将其他国家变成自己的"垃圾场"和"废水池"，同时为自己打造起一个理想的"污染避难所"。根据美国物料回收组织（ISRI）统计的数据，仅2020年上半年，美国就对外出口了近28.8万吨的废塑料，这些废塑料被贴上"可回收"的标签输送到了亚洲、非洲以及拉丁美洲各国，给这些原本污染处理能力就十分低下的国家造成了巨大负担，而美国通过输出污染，使自己变得高枕无忧起来。2020年11月30日，美国《科学进展》杂志的一项研究显示，美国人口占全球4%，却生产了全球17%的塑料垃圾，是名副其实的"塑料垃圾头号生产国"和头号污染国。无独有偶，2021年，日本为了降低福岛核电站泄漏事件对其国内环境造成的污染破坏，竟不顾全世界人民的一致反对，将含有放射物质的

---

① 《习近平谈治国理政》第3卷，外文出版社2020年版，第360页。

核废水直接排入太平洋，给全球生态环境带来了不可逆转的巨大破坏，让其造成的生态灾难由全世界"买单"。西方国家通过转嫁污染，使自身的生态问题在一定程度上得以缓解，而大多数发展中国家则都开始面临更大的困境：既要面对农业社会的工业化问题，而且是高能耗、低效率的工业化生产方式，又要承受着不平等的全球分工规则，大量消耗着生态资源，进而破坏了本土环境资源的存量。所以，站在全人类的角度看，由资本主义现代化模式所造成的生态负债非但没有减少，反而愈发沉重。温室效应、大气臭氧层破坏、酸雨污染、有毒化学物质扩散、人口爆炸、土壤侵蚀、森林锐减、陆地沙漠化扩大、水资源污染和短缺、生物多样性锐减等全球性环境问题越来越威胁着人类社会发展的根基。根据联合国粮农组织发布的数据，2020 年全球森林面积占土地总面积的比例已经从 2000 年的 31.9% 降至 31.2%，现在全球森林面积约为 41 亿公顷，净减少面积将近 1 亿公顷。与此同时，全球气候变暖以及海平面上升情况则日趋严峻，2021 年 10 月31 日，世界气象组织发布了《2021 全球气候状况——极端事件和主要影响》临时报告，报告显示，2020 年全球温室气体浓度继续攀升，二氧化碳（$CO_2$）的含量为 413.2ppm、甲烷（$CH4$）为 1889ppb、一氧化二氮（$N2O$）为 333.2ppb，分别为工业化前（1750 年）水平的149%、262% 和 123%；2021 年全球平均温度比 1850—1900 年的平均值高约 1.09 摄氏度；1993—2002 年，全球平均海平面年均上升 2.1毫米，2013—2021 年年均上升 4.4 毫米，增加了 1 倍多。这些数据均表明，资本主义的现代化逻辑与自然的可持续代谢之间产生了一个巨大的鸿沟，使人类的发展与环境的可承载能力产生了一个"无法弥补的断裂"，其现代化模式根本无法将"进步"与"破坏"分离开来，也无法将"进步"同"浪费"分离开来，它越是释放出生产力的能量，就越是必定会释放出破坏的力量；越是扩展生产的容量，就越是必定会将一切埋葬在令人窒息的废料所堆积而成的山峰之下。这种只顾"眼前"不顾"长远"、只顾"当代"不顾"后代"的现代化模式不仅把人类赖以生存的家园破坏殆尽，更是将子孙后代的利益置于巨大的风险之中，不仅侵蚀了自己的发展根基，更是损害了全人类的未来。正如习近平总书记所指出的："'天育物有时，地生财有限。'生态环境没有替代品，用之不觉，失之难存。人类发展活动必须尊重自然、顺应自然、保护自然，否则就会遭到大自然的报复。这是规律，谁也无法抗拒。"①

在深刻反思西方现代化模式所造成的人与自然对立，以及由此引发的"代内发展"与"代际发展"冲突断裂的基础上，中国本着对子孙后代高度负责的态度，坚决不走西方"先污染后治理"的老路，也不以牺牲生态环境为代价换取经济的一时增长，更不"用破坏性方式搞发展"，而是把"坚持人与自然和谐共生"确定为建设社会主义现代化的基本原则，把走绿色低碳循环发展之路作为建设社会主义现代化国家的行动指南，"坚持可持续发展，坚持节约优先、保护优先、自然恢复为主的方针，像保护眼睛一样保护自然和生态环境，坚定不移走生产发展、生活富裕、生态良好的文明发展道路，实现中华民族永续发展"②。1973 年 8 月，刚刚开始现代化进程的中国就召开了首次全国环境保护会议，提出了"全面规划、合理布局、综合利用、化

---

① 《习近平关于社会主义生态文明建设论述摘编》，中央文献出版社 2017 年版，第 13 页。

② 习近平：《高举中国特色社会主义伟大旗帜为全面建设社会主义现代化国家而团结奋斗——在中国共产党第二十次全国代表大会上的报告》，人民出版社 2022 年版，第 24 页。

害为利、依靠群众、大家动手、保护环境、造福人民"的环境保护工作 32 字方针,审议通过了中国第一个环境保护文件——《关于保护和改善环境的若干规定》,为中国的可持续发展之路打下了坚实基础。到了 1995 年,党的十四届五中全会审议通过了《中共中央关于制定国民经济和社会发展"九五"计划和 2010 年远景目标的建议》,明确提出"必须把社会全面发展放在重要战略地位,实现经济与社会相互协调和可持续发展",坚持可持续发展成为中国现代化建设的一项重大战略目标。坚持可持续发展,就是要立足我国人口众多、人均资源占有量不足的基本国情,正确处理经济发展同人口、资源、环境的关系,坚决摒弃大量生产、大量消耗、大量排放的生产模式和消费模式,从而实现经济社会发展和生态环境保护协调统一、人与自然和谐共生。随着中国特色社会主义现代化建设不断走向深入,可持续发展战略也得到不断强化。在党的十六届三中全会上,进一步提出了"科学发展观","科学发展观,第一要义是发展,核心是以人为本,基本要求是全面协调可持续,根本方法是统筹兼顾"①。其中,全面协调可持续就是要把人、自然以及社会看成一个有机系统,把建设资源节约型、环境友好型社会放在工业化、现代化发展战略的突出位置,从而开创一条生产发展、生活富裕、生态良好的文明发展之路。

党的十八大以来,以习近平同志为核心的党中央紧扣新时代我国社会主要矛盾的变化,立足人类文明的永续发展,不仅把绿色发展纳入了中国特色社会主义"五位一体"总体布局和"四个全面"战略布局,更是把人与自然的和谐共生作为中国现代化发展的重要特征之

---

① 《改革开放第三十年重要文献选编》下,中央文献出版社 2008 年版,第 1719 页。

一，从而谱写了中国可持续发展的新华章。作为可持续发展、绿色发展的坚定践行者，习近平总书记在浙江工作时就提出了"绿水青山就是金山银山"的重要论断。2005 年 8 月，在浙江安吉余村考察时，习近平总书记把生态环境保护和经济发展的关系形象地比喻成绿水青山和金山银山的关系，并指出这两者绝不是对立的，而是辩证统一的，"我们既要绿水青山，也要金山银山。宁要绿水青山，不要金山银山，而且绿水青山就是金山银山"①。"绿水青山就是金山银山"深刻解释了发展生产力和保护生态的协调一致性——发展固然重要，但我们所要实现的发展绝不是对资源和生态环境的竭泽而渔，断不能不考虑或者很少考虑环境的承载能力而一味索取，当然，强调生态环境保护也不是舍弃经济发展的缘木求鱼，而是要坚持在发展中保护、在保护中发展，实现发展和保护的协同共生。"两山"理论彻底打破了"钱袋子"与"绿叶子"不可兼得的旧思路和旧方式，在这一理论的指导下，余村果断关停了原有的石灰岩矿山，转向修复生态、打造生态旅游村的发展路子，虽然一开始村集体收入骤减但很快就回了暖。2021年，余村全年的游客量达近 90 万人次，旅游收入近 4500 万元，村集体收入超过 800 万元，村民人均收入达 61000 元，村民幸福感节节攀升。另外，余村还成功入选 2021 年联合国世界旅游组织评选的"最佳旅游乡村"名单，实现了从"卖石头"到"卖风景"的美丽蝶变，唱响了共美共富的协奏曲。余村以自身的鲜活实践走出了一条生态美、产业兴、百姓富的发展新路，证明了良好生态本身蕴含着无穷的经济价值，也使得这一发展理念从小山村走向了全中国，成为推进现

---

① 《习近平关于全面建成小康社会论述摘编》，中央文献出版社 2016 年版，第 171 页。

代化建设的重大原则。

在"两山理论"的基础上，党的十八届五中全会进一步提出"创新、协调、绿色、开放、共享"的五大发展理念，把绿色发展融入我国社会主义经济建设、政治建设、文化建设、社会建设各方面和全过程，使生态文明建设的战略地位更加明确，也使得它的理论意涵得到再拔高、再升华。以绿色发展理念为引领，中国一方面在全社会广泛展开生态文明教育，积极倡导和践行"人与自然是生命共同体""像保护眼睛一样保护生态环境"的价值理念，大力提倡简约适度、绿色低碳的生活方式，反对奢侈消费和不合理消费，增强全民节约意识、环保意识、生态意识，使"绿色生活""美丽中国"的观念深入人心，把建设美丽中国转化为全体人民的行动自觉；另一方面则全面打响蓝天、碧水、净土三大保卫战，以科技创新为抓手大力推进经济结构、能源结构、产业结构转型升级，鼓励发展科技含量高、资源消耗低、环境污染少的新业态，壮大节能环保产业、清洁生产产业、清洁能源产业，大力发展可再生能源，促进资源节约、集约和循环利用，以高质量发展创造绿色国内生产总值。除此之外，中国还严格划定了生态保护的红线、环境质量的底线以及资源利用的上限，并在此基础上综合运用制度、法律、技术、市场等多种手段，全力构建科学适度有序的国土空间布局体系、绿色低碳循环发展的产业体系、约束和激励并举的生态文明制度体系以及政府企业公众共治的绿色行动体系，为实现绿色发展提供了坚实保障。

党的十九大以后，中国更是按下了减污降碳、绿色转型的加速键。2020年9月22日，在第七十五届联合国大会一般性辩论上，习近平总书记向全世界郑重宣布，中国将紧紧抓住新一轮科技革命和产业变革的历史性机遇，"二氧化碳排放力争于 2030 年前达到峰值，努力争取 2060 年前实现碳中和"。2022 年 12 月 12 日，在气候雄心峰会上，习近平总书记又发表了《继往开来，开启全球应对气候变化新征程》的演讲，把中国碳中和的目标进一步加以细化。他指出，"到 2030 年，中国单位国内生产总值二氧化碳排放将比 2005 年下降 65 % 以上，非化石能源占一次能源消费比重将达到 25 %左右，森林蓄积量将比 2005 年增加 60 亿立方米，风电、太阳能发电总装机容量将达到 12 亿千瓦以上"①。坚持碳达峰、碳中和，充分表达了中国坚持走绿色发展之路的坚定意志和坚强决心，彰显了中国对全人类尤其是对子孙后代的责任担当。

从可持续发展到科学发展观，从"两山论"到绿色发展理念再到碳达峰、碳中和，中国追求经济社会发展与生态保护协同并进共生格局的思路越来越具体、道路越来越清晰。通过践行绿色发展理念，推动人与自然和谐共生，中国创造性地化解了"工业文明带来的矛盾"，破解了只讲索取不讲投入、只讲发展不讲保护、只讲利用不讲修复的现代化老路，克服了困扰西方现代化数百年的发展与保护"二元悖论"难题，不仅实现了经济的高质量增长，更加满足了人们日益增长的优美生态环境需要；不仅提高了当代人的民生福祉，更为子孙后代留下了广阔的生存发展空间。随着中国向现代化强国目标的不断迈进，展现在世人面前的不仅是一个富强繁荣的中国，更是一个子孙后代生生不息、永续发展的中国。中国的绿色发展之路为自身的文明走出了一条可持续的新路子。

---

① 习近平：《论把握新发展阶段、贯彻新发展理念产、构建新发展格局》，中央文献出版社 2021 年版，第 453 页。

## 第三节 中国道路实现了本国发展与
## 惠及世界有机统一

现代化作为人类社会发展的必然趋势，是全人类的共同事业。作为现代化进程的最早开启者，西方国家的现代化是建立在生产资料的私有制基础之上的，它披着"普遍利益"的伪善外衣，实际上是资产阶级为了维护自身利益所使用的工具和手段。为了实现自身利益最大化，西方国家不仅对内剥削压迫本国人民，制造贫富两极分化的社会结构，还把这种结构复制到其他国家，对外搞"巧取豪夺、强权占领、殖民扩张"，从而形成一种排他性、独占性的利益格局。在这一格局中，根本不存在利益的均沾与共同的进步，有的只是"你多我少""我有你无"的排他性逻辑。通过损人肥己，西方国家迅速完成了现代化进程甚至已经迈进了后现代化，而广大落后国家则沦为其"牺牲品""踏脚石"，整个人类的现代化图景呈现出一种失衡和断裂的极不稳定状态。

从 16 世纪开始，随着资本主义萌芽的出现和发展，西方的现代化进程也开始蓄势待发。为了完成资本主义现代化的原始积累，西方国家一方面大搞圈地运动，以"羊吃人"的方式掠夺农民，为资本主义的起步提供了生产资料与劳动力保障；另一方面则通过大航海和发动海盗式的战争大搞殖民扩张，搜刮全世界。西方国家的殖民扩张把各个国家、各个地区之间原本相互隔绝的屏障彻底打破了，使整个世界日益成为一个密切联系的整体。然而，在西方国家殖民扩张飓风的袭击下，广大落后国家得到的不是文明的洗礼，而是前所未有的巨大灾难。西方国家通过武装占领、海外移民、海盗掠夺、欺诈性的贸易、血腥的奴隶买卖等手段大发横财，"美洲金银产地的发现，土著居民被剿灭、被奴役和被埋葬于矿井，对东印度开始进行的征服和掠夺，非洲变成商业性地猎获黑人的场所：这一切标志着资本主义生产时代的曙光"①。到了 19 世纪末，随着第二次工业革命的完成，西方国家为了进一步扩大商品市场和原料产地，同时把过剩的资本输往海外，开始纷纷圈定自己的势力范围，掀起瓜分世界的狂潮。当时非洲90％的地区、亚洲56％的地区、美洲27％的地区以及澳洲的全部，全都沦为了帝国主义直接统治的殖民地。正如英国的经济学家杰文斯在1865 年所描述的，"北美和俄国的平原是我们的玉米地；加拿大和波罗的海是我们的林区；澳大利亚有我们的牧羊场；秘鲁送来白银，南非和澳大利亚的黄金流向伦敦；印度人和中国人为我们种植茶叶，我们的咖啡、甘蔗和香料种植园遍布东印度群岛。我们的棉花长期以来栽培在美国南部，现已扩展到地球每个温暖地区"。整个世界被分割成了两个截然对立的部分：一个是剥削和压迫殖民地、半殖民地的少数帝国主义国家，另一个是占世界居民绝大多数的殖民地、半殖民地。对于殖民地和半殖民地，帝国主义进行了敲骨吸髓的剥削，给那里的人们带来了极大的苦难，严重地阻碍了这些地区的生产力发展，使其长期处于经济停滞和极度贫困的状态。可以说，殖民扩张是资本主义现代化发展的前提，西方资本主义国家就是通过吮吸他国的血液

---

① 《马克思恩格斯文集》第 5 卷，人民出版社 2009 年版，第 860—861 页。

来使自己走向发展壮大的，"在欧洲以外直接靠掠夺、奴役和杀人越货而夺得的财宝，源源流入宗主国，在这里转化为资本"[①]，"巨额资产像雨后春笋般地增长起来，原始积累在不预付一个先令的情况下进行"[②]。正是因为敏锐地捕捉到了这一点，所以马克思说，资本主义"原始积累的方法绝不是田园诗式的东西"，而是充满了征服、奴役、劫掠、杀戮、暴力，西方的现代化从一开始就是用"血和火的文字载入人类编年史的"。

今天，虽然资本主义的全球殖民体系已经瓦解，和平与发展成为新的时代主题，但西方现代化模式的排他性思维和独占性逻辑依旧没有改变，全球发展的断裂性格局依然存在。在全球化的背景之下，西方国家首先在对外投资合法性外衣的掩盖下大肆地进行资本输出，在全世界范围建立起普遍的雇佣和被雇佣关系，从而把发展中国家的人民变成自己的奴役对象，为其源源不断地创造剩余价值。资本主义获得的财富越多，就意味着发展中国家人民失去的越多，意味着他们把更多的时间和精力用在了为资本主义国家盈利上。与此同时，西方国家还利用技术优势与垄断地位从全球贸易体系中攫取巨额"剪刀差"。在由发达资本主义国家主导的全球分工体系当中，广大发展中国家生产什么以及生产多少，都不是由他们自主决定的，而必须服从于发达资本主义国家的需要和指派，他们的角色只是原材料的输送者和初级产品的供给者，至于那些高附加值的产品则必须依赖资本主义强国。通过垂直化的国际分工，资本主义国家不仅可以依据各国的资源禀赋差异来精准安排生产布点，从而压缩生产成本，同时还能为自己的产

---

[①]《马克思恩格斯文集》第 5 卷，人民出版社 2009 年版，第 864 页。

[②]《马克思恩格斯文集》第 5 卷，人民出版社 2009 年版，第 862 页

品找到出路、开拓市场。通过这两方面的循环往复，资本主义强国牢牢控制了全球产业链并最终形成资本流向世界、利润流向西方的全球价值环流系统。为了持续展开全球价值吮吸，发达资本主义国家总是不遗余力地开发新产品、创造新技术。对于新技术，发达资本主义国家采取了严格的封锁和保密措施，以防止发生技术外溢。当然，发达资本主义国家也会进行技术输出，但这些技术都是落后与被淘汰了的，真正的核心技术是绝不可能对广大发展中国家开放的。不仅如此，对于发展中国家在个别领域积累起来的生产优势，发达资本主义国家利用"配额、关税、反倾销责任、出口信誉和补助国内厂家"等方式（这些方式是贫困国家不被允许具有或无法具有的）来进行封锁和打压。在以上两方面的共同作用下，发达国家与发展中国家的技术鸿沟越来越大，广大发展中国家被死死地钉在全球价值链"微笑曲线"的最底端，只能从事劳动密集型产业和初级产品生产，只能进口高端产品、出口低端产品，只能被动接受资本主义的全球定价，而发达国家则生产资本有机构成较高的产品，"因而在按照国际生产价格出售这些产品时，都能够占有比自己国内创造的剩余价值多"。随着这一趋势的不断加深，由技术霸权所导致的全球劳动生产率级差使得落后国家只能作为发达资本主义国家"价值充值"的角色存在。发达资本主义国家凭借对全球价值的吮吸，加速完成了现代化进程，而广大发展中国家作为受损的一方则长期停留在现代化的早期甚至是前现代阶段，整个世界呈现出前现代、现代、后现代交织割裂的局面。正因为如此，马克思说资本主义来到世间"从头到脚，每个毛孔都滴着血和肮脏的东西"①，资本主义的现代化过程实际上是"窃取了文明"。

　　人类究竟要实现什么样的现代化？现代化究竟是我赢你输、你死我活的角斗场，还是互惠共赢、共同提高的竞技赛？究竟是排他性的还是顾他性的？中国给出的答案是，现代化不能只是少数国家的发展和繁荣，而应该追求世界各国的普惠和均衡发展，"在人类追求幸福的道路上，一个国家、一个民族都不能少"，"各国一起发展才是真发展，大家共同富裕才是真富裕"。在这一理念的指导下，中国从来不谋求以掠夺别国的方式来发展自己，更不把自己的成功建立在他国贫穷落后的基础上，而是将本国人民利益同世界各国人民利益统一起来，既"希望自己过得好，也希望各国人民过得好"，进而与世界各国在竞争中求合作、在合作中谋共赢，"在坚定维护世界和平发展中谋求自身发展，又以自身发展更好维护世界和平与发展"②。为了使现代化成为"对世界好、对世界各国人民好"的伟大事业，中国一方面集中力量做好自己的事，通过坚持独立自主、自力更生，让 14 亿中国人民过上了好日子；另一方面是以立己达人、兼济天下的胸怀，直面全球贫富差距、发展鸿沟等重大现实问题，关注欠发达国家和地区，欢迎他们搭乘中国发展的"快车""便车"，让世界每一片土地都孕育出希望。2013 年 9 月 7 日，国家主席习近平在哈萨克斯坦纳扎尔巴耶夫大学发表《弘扬人民友谊　共创美好未来》的重要演讲，提出了共建"丝绸之路经济带"重大倡议。2013 年 10 月 3 日，习近平

---

①《马克思恩格斯文集》第 5 卷，人民出版社 2009 年版，第 871 页。
② 习近平：《高举中国特色社会主义伟大旗帜 为全面建设社会主义现代化国家而团结奋斗——在中国共产党第二十次全国代表大会上的报告》，人民出版社 2022 年版，第 24 页。

在印度尼西亚国会发表演讲，提出共同建设"21世纪海上丝绸之路"，与"丝绸之路经济带"一起构成了"一带一路"重大倡议。"一带一路"作为中国联动世界的平台，以政策沟通、设施联通、贸易畅通、资金融通以及民心相通为依托，为广大发展中国家经济增长和民生改善注入了强大活力。在"一带一路"合作框架下，中国一方面充分利用自身的快速发展优势，通过对沿线国家进行产业扶植和产业转移，帮助其快速实现产业的升级换代，同时树立起新的产业标准体系，从而为迅速实现现代化与工业化赋能；另一方面则以不附加任何政治条件的技术援助和人才援助为支撑，帮助广大发展中国家冲破发达资本主义国家的技术封锁，提高他们的自主发展能力和可持续发展动力，从而走出资本主义全球现代化所埋设的"比较优势陷阱"，在全球经济发展中更好实现自身利益。在这两方面的共同作用下，广大发展中国家将以前所未有的速度驶上现代化发展的"快车道"，同时以全新的姿态融入全球供应链、产业链以及价值链，从而充分享有人类现代化的发展成果，推动全球现代化朝着均衡、普惠、共赢的方向发展。

"一带一路"是造福世界的"发展带"，是惠及各国人民的"幸福路"，世界各国纷纷争相加入。截至2022年3月，共建"一带一路"的大家庭成员达到了180个，涵盖了东南亚、南亚、中亚、西亚、北非、中东欧等多个地区，总国土面积占全球面积1/3以上，总人口规模占全球总人口的60%，总国民生产总值占全球国民生产总值的32%，成为当今世界范围最广、规模最大的国际合作平台。从2013年到2020年，中国对"一带一路"沿线国家累计直接投资达1360亿美元，与沿线国家货物贸易超过9.2万亿美元。2019年世界银行发布的《"一带一路"经济学：交通走廊的机遇与风险》报告显示，"一带一路"建设将使沿线国家和地区的实际收入增长 1.2%—3.4%，全球实际收入增长 0.7%—2.9%，从而真正实现互利共赢、共同繁荣。从雅万高铁、亚吉铁路，到中欧班列、帕德玛大桥，一个个项目，让和平合作、开放包容、互学互鉴、互利共赢的丝路精神熠熠生辉；从广交会、进博会，到服贸会、消博会，一场场邀约世界的盛会，有力地彰显了中国与各方共享机遇的格局和胸怀。尤其是对广大发展中国家来说，"一带一路"更是使其获得了实打实、沉甸甸的好处。针对广大发展中国家基础弱、底子薄的客观现实，中国发起、设立了一系列发展基金，如丝路基金、中拉产能合作投资基金、中非产能合作基金、中国—欧亚经济合作基金等，为这些国家加强基础设施建设和改善人居环境提供了长期、稳定的资金支持。世界银行预估，"一带一路"相关投资可以帮助多达 3400 万人摆脱中度贫困，使760 万人摆脱极端贫困。英国经济和商业研究中心的研究也指出，到2040 年，"一带一路"倡议将使全球国内生产总值每年增加 7 万亿美元以上，多达 56 个国家的国内生产总值都将因"一带一路"而每年增长逾 100 亿美元。

通过推动共建"一带一路"高质量发展，中国以自身的发展为全世界提供了机遇，打破了西方国家"以利唯上""赢者通吃"的现代化发展旧模式，创造了"义利相兼""以义为先"的现代化发展新格局。"一枝独秀不是春，百花齐放春满园"，如果说西方现代化道路的基础是战和乱、血与火，那么中国的现代化道路则是一条和平、友谊之路，是一条各方收获、普惠共赢的繁荣之路。中国道路的开辟不仅顺应了 14 亿中国人民的愿望，还顺应了和平发展的时代潮流，不仅有益于中国，同样有益于世界。

# 第五章

# 中国道路成就中国引领

　　中国的发展离不开世界，世界的繁荣也需要中国。早在新中国成立之时，毛泽东就指出，"中国应当对于人类有较大的贡献"①。到了1985年，邓小平进一步指出，"到下世纪中叶……社会主义中国的分量和作用就不同了，我们就可以对人类有较大的贡献"②。进入新时代，面对世界局势百年未有之大变局以及西方模式的应对无力，习近平总书记提出，站在人类文明究竟应该何去何从的十字路口上，"中国不能缺席""要看到国际社会对我国的期待"。也就是说，中国对人类文明的发展应该有责任、有担当。对于这种责任和担当，中国有十足的能力和底气把它履行好，这种能力和底气，来源于由中国道路所带来的中国经济的飞速发展与国际影响力的迅速攀升。

----

①《毛泽东文集》第7卷，人民出版社1999年版，第157页。
②《邓小平文选》第3卷，人民出版社1993年版，第143页。

# 第一节　中国道路拓展了人类文明新形态

1989 年，美籍日裔学者弗朗西斯·福山在《国家利益》杂志上发表了一篇文章叫《历史的终结》。文章认为，西方自由民主政体作为一种政府体制，其合法性在过去时间里已经得到了高度的认可，因为它战胜了像世袭君主制、法西斯主义和苏联社会主义这些与之竞争的意识形态。作者最后得出结论，说自由民主政体构成了"人类意识形态进化的终点"和"人类政府的最终形式"，并由此成为"历史的终结"。为了更加清楚地阐明其观点，福山在接下来的时间里将文章中的思想进一步展开研究，最终于 1992 年出版了《历史的终结与最后之人》一书。在书中，福山对西方资本主义制度极尽美化，把人类社会历史的发展过程看成一部"自由民主追寻史"，把对自由民主的追求视为贯穿人类历史全过程的内在恒久动力，并毫不掩饰地主张自由民主制代表了人类政治文明最后的形态，而自由民主制下的布尔乔亚则代表了"最后的人"。毫无疑问，福山的"历史终结论"是荒诞不经的，但这却是资本主义意识形态的鲜明表达。

在人类文明发展进程中，在迈向现代化的过程中，西方国家是先行者。在经历了从资本主义萌芽到新航路开辟、从文艺复兴到宗教改革、从启蒙运动到工业革命等一系列社会大变革之后，西方国家开辟了一条以经济自由化、政治民主化、思想理性化、发展线性化、国际关系等级化为主要特征的资本主义现代化之路。资本主义社会作为封建社会的替代者，曾对人类文明的发展起到过一定的推动作用。对于这种推动作用，马克思在《共产党宣言》中就曾揭示过："资产阶级在它的不到一百年的阶级统治中所创造的生产力，比过去一切世代创造的全部生产力还要多，还要大。自然力的征服，机器的采用，化学在工业和农业中的应用，轮船的行驶，铁路的通行，电报的使用，整个大陆的开垦，河川的通航，仿佛用法术从地下呼唤出来的大量人口——过去哪一个世纪料想到在社会劳动里蕴藏有这样的生产力呢？"[①]面对这种先发优势，西方国家陷入一种迷之自信当中，认为自己找到了一条人类社会发展的"普世之路"，"一切民族——如果它们不想灭亡的话"，就必须采用资产阶级的生产方式。由此，资本主义被塑造成了世界各国寻求发展进步的唯一路径，现代化也被简单地等同于西方化、资本主义化。尤其是在苏联解体和东欧剧变以后，"资本主义永恒""私有制不朽"等言论更是甚嚣尘上，西方资本主义模式被描绘成了人类社会发展的经典方案，被当作再无他选的最终模式与最佳模式。

为了把资本主义制度推广至全世界，也为了将世界各国统统纳入到资本主义的价值体系当中，自诞生的那天起，资本主义就开始走上了殖民扩张的道路。通过殖民扩张，资本主义一方面从全世界掠夺来了巨额财富，另一方面则把自己的发展道路强加到其他民族的身上。当然，西方国家的模式输出不仅反映在军事上侵略、经济上掠夺，还包括文化上渗透、价值观上输出以及意识形态上霸权，从而达到同化他国、控制他国的目的。2010 年，在西方国家的煽动和推波助澜下，突尼斯、利比亚、叙利亚等国家相继发生了以引入西方民主模式为目

---

①《马克思恩格斯选集》第 1 卷，人民出版社 2012 年版，第 405 页。

的的"阿拉伯之春"运动。由于没有充分考虑自身国情而一味盲目地照搬照抄西方模式，这场所谓的民主运动不但没有给阿拉伯世界带来春天，反而使其陷入了寒冬，非但没有得到解决原本存在的政治、经济、社会问题，反而使民族、宗教以及阶层矛盾走向激化，整个阿拉伯世界陷入了持续的动荡当中。从旷日持久的"中东之乱"到各种处心积虑的"颜色革命"，接连不断的悲剧和乱象警示人们：西方国家所谓的"普世道路"并不能给世界带来繁荣与和平，试图借"普世价值"之名，用单一价值标准"衡量"他国、用单一制度模式"改造"世界的做法只会带来动荡不安、民不聊生。同时，西方国家认为自己的人种和文明高人一等，执意改造甚至取代其他文明，这在认识上是愚蠢的，在做法上更是灾难性的！

二战以后，随着全球现代化进程的加速，不少渴望加快自身发展的国家看到资本主义国家经济上的繁荣和军事上的强大，更是主动投入资本主义怀抱，走上了资本主义道路。不可否认，资本主义制度具有文明性的一面，但这绝不意味着它是完美无缺的，更不意味着它是现代化的唯一选择。在资本主义的所谓完美方案背后，实际呈现出的却是一副讽刺的画面：资本主义自由经济带来的财富增长背后实际是严重的两极分化，西式民主的分权制衡之下隐藏的是无尽的利益纷争与政治恶斗，理性思维的效率至上最终走向了对未来的过度透支，线性发展的串联模式日益成为僵化的教条，等级化的国际秩序更是成为全球性矛盾冲突升级的渊薮。而那些照搬照抄资本主义模式的国家在短时间内看起来取得了一定发展成就，但实际上却是以发展的独立性与自主性的完全丧失为代价的，根本不可能实现国家的繁荣富强。以拉美国家为例。在 19 世纪上半叶，随着拉美各国民族独立任务的完成，他们开始走上了探索现代化的历史新进程，在此过程中，他们纷纷呈现出一个共同的特征，那就是依附于西方。从早期出口初级产品的发展模式，到 20 世纪 30 年代的进口替代工业化战略，再到 80 年代以来的新自由主义经济改革，拉美各国把自身的发展与资本主义国家牢牢地绑定在一起，进入到资本主义的世界体系当中并成为全球价值链的最底端，跟在西方资本主义国家的身后亦步亦趋。这种依附性的发展使得拉美各国曾一度实现经济的快速发展，但却是极其短暂的，当拉美各国的要素优势消耗殆尽的时候，他们的经济社会发展便陷入了长期的大幅波动甚至是停滞的状态。拉美国家的现代化困境启示我们，对于不同国家而言，根本不存在所谓的普遍适用的发展模式，一味地依附于他人也不可能实现自身的发展，世界各国应该积极探索符合自身实际的现代化发展之路。同时，能否依据国情选择适合本国发展的道路，不仅是经济发展问题，更是一个民族能否真正独立自主的关键，是辨别真正的现代化和虚假的现代化的分水岭。正如习近平总书记所指出的："现代化不是单选题。历史条件的多样性，决定了各国选择发展道路的多样性。"① "每个国家自主探索符合本国国情的现代化道路的努力都应该受到尊重。"② 历史反复证明，没有一个民族、一个国家可以通过依赖外部力量、照搬外国模式、跟在他人后面亦步亦趋实现强大和振兴。那样做的结果，不是必然遭遇失败，就是必然成为他人的附庸。

正是因为深刻地认识到别人的路搬不来，搬来了也走不通，所以

---

① 《习近平谈治国理政》，外文出版社 2014 年版，第 29 页。

② 习近平：《加强政党合作共谋人民幸福——在中国共产党与世界政党领导人峰会上的主旨讲话》，人民出版社 2021 年版，第 8 页。

中国从来都不以削足适履的方式来对他人的发展模式照搬照抄，更不信奉任何金科玉律的教科书和颐指气使的教师爷，而是在遵循人类现代化发展一般规律的基础上，在积极学习借鉴人类文明的一切有益成果的基础上不断解放思想、实事求是、敢闯敢试，研究规律、把握规律、遵循规律，努力探索出一条属于自己的路，把国家发展进步的命运牢牢掌握在自己手中。在探索属于自己的道路的过程中，中国共产党带领中国人民以"8 亿件衬衫换一架波音"的实干精神，几代人驰而不息、接续奋斗，付出别人难以想象的辛劳和汗水；以"自己的担子自己扛"的担当精神，无论顺境还是逆境，不输出问题，不转嫁矛盾，不通过强买强卖、掠夺别国发展自己；以"摸着石头过河"的探索精神，不走帝国主义、殖民主义老路，不照搬西方国家发展模式，而是结合中国实际，总结经验教训，借鉴人类文明的优秀成果，敢闯敢试，最终开辟了独具中国特色、中国风格与中国气派的现代化新路。在中国特色社会主义道路的指引下，我们实现了经济实力的极大进步、综合国力的不断增强、人民生活水平的持续改善，让占世界 1/4 人口的中国重新回到"世界舞台的中央"。这意味着，中国特色社会主义道路是条符合中国国情、富民强国的正确道路。

中国道路的成功开辟以及中华民族的强劲复苏，彻底打破了西方资本主义的话语霸权，打破了西方独霸的格局，缩小了南北之间的差距，把世界现代化道路从单选题变成了多选题，为近代以来国际力量对比中最具革命性的逆转作出了决定性的贡献。正如英国剑桥大学教授彼得·诺兰所指出的，中国现代化的实现过程，也是开创超越西方现代化模式、探索人类新文明的过程。作为一种全新的现代化发展路径，中国道路证明了古老文明也可以拥抱现代，非西方文明也可以赶超西方。这扫除了一直以来西方国家所宣称的"全球化＝西方化、西方化＝现代化、现代化＝市场化"的思维定式与"美丽神话"，打破了西方现代化模式占主导地位并垄断话语权的格局，证明了西方发展是现代化的一种模式而不是唯一模式。对于世界各国而言，现代化的方向是无法绕开的，但道路却可以选择的。"物之不齐，物之情也"，当今世界有200多个国家和地区，拥有着不同的文化、不同的历史条件和现实国情，这就从根本上决定了大家绝不可能都走一条路，决定了各自选择的发展道路必然具有多样性，只要大家找准了属于自己的正确方向，驰而不息，就能"条条大路通罗马"。当然，中国道路所坚持的独立自主，并不意味着与整个资本主义世界体系脱离开来，更不是将自己彻底孤立起来。关于广大发展中国家的现代化路径问题，"不发达政治经济学"理论曾提过一个两难的结论，即认为发展中国家要想获得发展，要么就必须走"依附"发展道路，在不平等的国际经济体系中获得一席之地，要么就只能与资本主义世界体系"脱钩"，实施"自主"发展战略。面对"不发达政治经济学"理论存在的明显缺陷，中国以自身的成功实践完全破解了所谓的"依附"发展或"脱钩"发展的二元难题，打破了落后国家要想获得发展就必须依附于西方、让渡自身独立性的荒谬论调。中国伟大发展成就的取得既没有搞"脱钩"也不是靠"依附"，而是既顺应了经济全球化的潮流又掌握发展主动权，既保持独立自主性又充分利用全球化的有利因素，从而走出了一条发展新道路。在此意义上，我们说中国道路既是"走自己的路"也是走人类文明发展之路，是一种人类文明的新形态。

中国式现代化道路作为人类文明的新形态，对广大发展中国家走独立自主的现代化道路具有极大的参考和借鉴意义。作为世界上最大的发展中国家，我们和世界上大多数的发展中国家有着共同的历史命运和发展要求，也面临着同样的发展问题。近代以来，中国和广大发展中国家都经历了被殖民、被侵略的苦难，都渴望找到民族独立的出路、摆脱贫穷落后的法宝。到了现代化建设阶段，又都面临资金不足之难、技术封锁之围、人才短缺之困。当前，我国虽然已经成为世界第二大经济体，但是仍处于并将长期处于社会主义初级阶段的基本国情没有变，仍是世界上最大的发展中国家的国际地位也没有变。正是相同的历史命运、发展要求、发展问题，使得中国的现代化经验对广大发展中国家来说是完全可资借鉴的。中国以自身的发展实践向世界各国证明了落后国家独立自主地实现现代化是完全可能的，中国道路为广大发展中国家走向现代化提供了成功经验、展现了光明前景，给世界上那些既希望加快发展又希望保持自身独立性的国家和民族提供了全新选择。当然，这种参考借鉴绝不是搞发展模式输出，而是要帮助世界各国找到一条真正属于自己的路，是要以自身的发展为他国提供更多机遇，从而在充分尊重人类文明多样性的基础上开创"美人之美，美美与共"的人类文明新格局。

## 第二节　中国道路塑造了全球治理新格局

作为全球现代化的最早发动者和最大受益者，西方国家不仅靠掠夺全世界实现了自己的快速发展，同时还构建起了一套以霸权主义和单边主义为特征的全球治理格局。在这一治理格局中，实力就是筹码，拳头就是道理，西方国家凭着自己的经济、军事优势牢牢地占据着中心位置，而广大落后国家由于实力薄弱只能处于边缘的、被支配的地位。对于这一点，法国著名学者托克维尔指出："小民族经常是悲惨的，它们之所以悲惨，并非因为其小，而是因为弱；大帝国之所以繁荣发达，并非因其大，而是因其强。强盛的实力是国家、民族繁荣甚至生存的首要条件之一。"通过拉帮结派、搞团伙，西方国家垄断了国际事务，形成了"一国独霸""几方共治""西方领导、他国配合"的单极治理模式。在这种权利结构板结化、等级森严的治理体系中，根本不存在国与国之间的平等关系，有的只是先进与落后、文明与愚昧、发达与不发达的二元对立局面以及弱肉强食的丛林法则。西方国家根本不愿与广大发展中国家平等协商，更不会考虑其利益关切，而是打着所谓的"国际责任"旗号从绝对的西方本位出发对全世界发号施令、指手画脚。对于那些屈从于这一体系的国家，西方资本主义国家将其视作"施恩"的对象，而对于那些拒不服从的国家，则把其视为"敌人"和"异端"，当作"封锁""制裁""挤垮""攻击"的对象。由此一来，西方国家所主导的所谓"全球治理"体系实际上变得面目全非、名不副实，充满了西方大国独断意味的"霸权治理"，实质是个别国家的"治理全球"，于是，整个人类世界陷入到了霍布斯式的"人人为战，拳头说话"的野蛮状态。

这种一家独大、舍我其谁的全球治理模式看起来可以让西方国家包揽国际事务、主宰他国命运、垄断发展优势，可以筑牢其全球霸权地位，但由这种不平等的国家格局引发的动荡不安最终使西方国家"搬起石头砸了自己脚"。正如习近平总书记指出的："世上没有绝对安全的世外桃源，一国的安全不能建立在别国的动荡之上，他国的威胁也可能成为本国的挑战。"① 2003 年，为了达到垄断全球石油资源的目的，以美国为首的西方国家打着"反恐"的旗号开始入侵伊拉克。然而，近 20 年过去了，"反恐"的目标非但没有完成，反而导致"越反越恐"，伊拉克变得满目疮痍，其政治、经济以及社会民生均陷入凋敝状态，大量伊拉克人民变得流离失所、无家可归，沦为难民。正如美国学者乔姆斯基在《以自由之名：民主帝国的战争、谎言与杀戮》一书中所写："不停地有人在死去；人们在自由、民主和其他堂而皇之的旗号下遭受屠戮。"从伊拉克战争到利比亚战争再到叙利亚战争，西方国家穷兵黩武的政策把整个人类社会抛入动荡不安的状态，全球和平赤字、发展赤字、信任赤字以及治理赤字陡然增长。毫无疑问，西方国家的全球治理模式是失败的，霸权主义和强权政治也已成为祸害世界的头号"杀手"，正如美国《华盛顿邮报》在反思西方全球政策时所指出的："我们曾经相信，可以用武器和金钱来改造世界。我们从一开始就大错特错。我们的方案并不是建立在可行或可持续的基础之上。"

随着全球治理危机的持续增长，由此引发的安全危机、能源危机、生态危机以及难民危机等开始逐渐涌向全世界。面对这些危机，西方国家作为始作俑者丝毫不去反思自己的霸权主义行径，而是筑起保护主义的高墙，大搞"退群""毁约"的把戏，以一种逃避主义的方式以获得自保。面对全球经济危机，西方国家不是与世界各国携起手来共克难关，而是在本国利益优先的论调下大行保护主义之道，对外实施极限施压和制裁，大搞贸易战。美国格信律师事务所 2020 年

① 《习近平谈治国理政》第 2 卷，外文出版社 2017 年版，第 541—542 页。

底发布的数据显示，从 2017 年至 2020 年，美国一共实施了超过 3900 项制裁措施，平均每天对外实施 3 项经济制裁手段，以此来竭力维护自己的经济霸权，成为世界经济复苏的"搅局者"。面对全球生态危机，西方国家不是主动承担更多责任，而是背信弃义、撕约退群。2020 年 11 月，美国以承担了"不公平的经济负担"为由宣布退出《巴黎气候协定》，并随即废除了一系列限制排放和其他环境保护的法规，使原本就步履艰难的全球节能减排任务蒙上了更厚的一层阴影。面对全球难民危机，西方国家不是提供应尽的人道主义援助，而是修墙筑坝，以求实现自身的绝对安全。从 2006 年开始，美国就通过了建立"隔离墙"的法案，旨在建立一道连绵千里的隔离墙，将大批的非法移民阻拦在隔离墙之外。事实上，无论是以邻为壑的单边主义行为还是"合则用之，不合则弃之"的投机主义政策，都不可能使西方国家幸免于难，因为随着全球一体化程度的不断加深，国际社会日益成为一个你中有我、我中有你的命运共同体，任何国家都不可能以牺牲他国利益来换取自身的绝对安全。从 2021 年 1 月美国"国会山沦陷"的荒诞画面，到 8 月美军仓皇撤离阿富汗时再次上演"西贡时刻"，再到 12 月无疾而终的所谓"民主峰会"，以美国为首的西方国家的政策失灵、治理失策以及民主失范，充分说明了霸权主义是毫无出路的，一个由西方绝对主导的全球治理体系更是脆弱不堪的，它根本不可能承担起全球治理的重任，只会成为全球的"麻烦制造者"。

面对当前层出不穷的全球性挑战以及西方治理体系的彻底失败，习近平总书记在 2019 从都国际论坛上指出，当今的国际秩序已经站在了何去何从的十字路口上，面临着多边主义和单边主义之间何去何从的问题。历史和实践均已证明，单边主义只有死路一条，唯有加强多边合作、促进多边治理才是促进人类社会可持续发展的正确选择。对于不同的国家而言，他们也许在体量上有大小之分、国力上有强弱之别、发展上有先后之异，但无论如何都是国际社会平等的一员，都有平等参与地区和国际事务的权利。对于大国来说，"大"代表着对地区和世界和平与发展的更大责任，而不是对地区和国际事务的更大垄断。任何一个国家，不管他有怎样的实力，也不管他有多强大，在千头万绪、"牵一发而动全身"的国际事务面前，都不可能做到"包打天下"，更不可能"一枝独秀""独领风骚"，国际上的事不能由一国或少数几个国家说了算，应该由大家商量着办，进而探索出一种能够容纳世界更多主体参与、扩大更为普遍的世界历史性交往新模式，形成合作共赢的世界治理新格局。中国不仅是多边主义的倡议者，更是多边主义的坚定践行者。1955 年，在新中国刚刚成立不久，为了抵制西方国家的新殖民主义政策，讨论广大发展中国家实现自身和平、争取民族独立以及发展民族经济等问题，中国与 29 个亚非国家和地区在印度尼西亚万隆召开会议，这是亚非国家和地区第一次在没有殖民国家参加的情况下讨论亚非人民切身利益的大型国际会议。会上，中国振聋发聩地提出"求同存异"的外交主张，提出了和平共处五项原则，即世界各国应相互尊重国家固有的对内最高统治权和对外独立权，互相尊重国家的领土主权，不损害他国领土的完整性；在相互交往中应不得以任何借口进行侵略，不得以违反国际法的任何形式使用武力或以武力相威胁，不得侵犯他国的主权与领土完整，不得以战争作为解决国际争端的手段；在相互关系中不应为实现本国利益而通过政治、军事、经济、文化等手段干预他国主权范围内的事务；除此之外，各国还应当彼此尊重，在法律上享有平等地位，不以损害他国利益的方法谋求任何特权和攫取本国的片面利益，各国应和平地同时存在、和平地交往。这些主张和原则发出了新中国的最强音，受到了国际舆论以及广大亚非拉国家的一致赞誉。由此，这些原则成为处理国际关系的重要准则，至今仍为国际社会所尊重、遵循和认可。

在和平共处五项原则的基础上，中国始终强调世界各国必须在同一种规则、同一个体系、同一套话语下展开友好往来，必须坚定不移地奉行以联合国为核心的国际体系、以国际法为基础的国际秩序、以联合国宪章宗旨和原则为基础的国际关系准则，并且这一准则只能由联合国 193 个会员国共同制定，而不能由个别国家和国家集团来决定，应该由联合国 193 个会员国共同遵守，不能也不应该有例外。通过恪守多边主义立场，中国与世界各国尤其是广大发展中国家共谋发展之计、共商发展之策、共享发展机遇，同时与各种霸权主义行径展开坚决斗争，坚决维护广大发展中国家的主权、安全以及发展利益。正是因为中国坚定不移地践行多边主义原则，所以我们的朋友圈越来越大、好伙伴越来越多，社会主义道路也越走越宽广，社会主义现代化事业也越来越繁荣。对中国来说，坚持多边主义不是权宜之计，更不是外交辞令，而是从历史、现实、未来的客观判断中得出的结论，是思想自信和实践自觉的有机统一。

通过践行多边主义政策，中国的实力不断发展壮大、国际影响力不断增强，同时广大发展中国家也从中国的发展中普遍受益，在全球经济发展中的作用与日俱增。根据国际货币基金组织发布的数据，2021 年，新兴市场和发展中经济体的国内生产总值占全球总量的百分比已经从 1980 年的 24.3 % 增加到了 2021 年的 40.9 %，对世界经济增长的贡献率超过 80 %，新兴市场和发展中经济体在全球经济中的份额进一步提升。这说明，"东升西降""南起北落"的国际局势新变化已经成为不可逆转的大趋势。面对国际力量对比的深刻变化，个别发达国家妄图垄断国际事务的想法和做法显然是落后于时代的，更是导致当今全球治理失灵的一大症结所在。针对这种情况，中国主张必须对原来旧的全球治理体系作出调整，必须与时俱进推动全球治理体系向着更加公正合理有效的方向改革完善，只有这样才能更好地反映世界经济格局的新变化和新现实。

朝着这一方向，中国一方面充分利用自身的大国地位和国际影响力为广大发展中国家持续发声，为其争取更多利益；另一方面则广泛团结广大发展中国家，提出一系列多边合作的新倡议，搭建起区域合作的新平台，推动建设新型国际关系。改革开放以后，中国先后加入了 130 多个国际组织，参加了近 300 个多边国际公约，在国际政治、经贸、发展、人权、司法和环境保护等方面发挥着越来越大的作用，这种空前扩大的国际影响力对中国而言不仅仅是一种肯定，更是一种责任。带着这份强烈的责任感，中国在各种国际场合和国际事务中都不遗余力地为广大发展中国家争取利益，以中国行动展现中国担当，始终"坚持经济全球化正确方向，推动贸易和投资自由化便利化，推进双边、区域和多边合作，促进国际宏观经济政策协调，共同营造有利于发展的国际环境，共同培育全球发展新动能，反对保护主义，反对'筑墙设垒'、'脱钩断链'，反对单边制裁、极限施压"[①]。与此同时，中国还积极推动联合国、国际贸易组织、国际货币基金组织、世界银行等国际机构改革，增加新兴市场国家和发展中国家的代表性和

---

① 习近平：《高举中国特色社会主义伟大旗帜，为全面建设社会主义现代化国家而团结奋斗——在中国共产党第二十次全国代表大会上的报告》，人民出版社 2022 年版，第 62 页。

发言权，努力补齐全球治理体系中的南方短板，使其在全球事务中能够享有平等的权利、机会以及规则，也使得全球治理体系能更加平衡地反映大多数国家的意愿和利益诉求。除此之外，中国还与广大发展中国家展开全面对话，通过举办中非、中拉、中阿合作论坛凝聚广泛共识，使关于全球治理体系变革的主张成为各国人民最强烈的呼声。在此基础上，进而发起成立了亚太经合组织、上海合作组织、"金砖国家"、二十国集团等区域性合作组织，与广大发展中国家共商规则、共建机制、共迎挑战，共同构建公正高效、开放透明、绿色低碳、包容联动的经济发展新秩序。依托于这些组织，广大发展中国家的力量被紧紧地凝聚在了一起并形成一股强大的合力，从而使其在国际事务的商讨和国际准则的制定中获得了更多话语权与更高关注度，也使得他们之间的共同利益得到了有效的维护和实现。随着这些区域性合作组织的不断发展壮大，原本由发达资本主义国家所牢牢把持的"单极"世界开始朝着"多元化""均衡化"的方向发展，整个世界格局也从"一国独霸"或"几方共治"走向了以国际关系民主化为特征的"多元治理"和"全球善治"，由西方资本主义国家所长期牢牢掌控的全球治理霸权最终被多边主义的世界格局所取代，一个更加公平合理的全球空间格局逐渐形成了。

## 第三节　中国道路昭示着人类文明新高度

1993 年，在冷战刚刚结束不久，美国学者塞缪尔·亨廷顿在《外交事务》杂志夏季号上发表了《文明的冲突》一文，提出了惊世骇俗的"文明冲突"理论。文中，亨廷顿将人类文明划分为八大板块，即中华文明、西方文明、日本文明、印度文明、伊斯兰文明、东正教文明、拉美文明以及非洲文明，认为不同的文化与价值观念将深刻影响各个国家如何界定自己的利益，而那些具有类似文化和体制的国家会看到他们之间的共同利益，整个人类世界将出现不同文明之间集团对抗的情况，特别是各文明交界的"断层线"地区非常可能爆发剧烈的冲突。亨廷顿在文中写道，"在这个世界里，最普遍的、重要的和危险的冲突，不是社会阶级之间、富人和穷人之间，或其他以经济来划分的集团之间的冲突，而是属于不同文化实体的人民之间的冲突"。亨廷顿断言，未来世界性的冲突将在西方文明与非西方文明之间展开，文明的冲突是战争的根源，并预言中华文明、伊斯兰文明将与西方文明出现大规模冲突甚至是战争。"文明冲突论"把不同文明之间的差异无限放大并把这种文明的分界线看战争线，进而将西方文明中所具有的敌我思维淋漓尽致地表现了出来。实际上，这种敌我思维模式对于西方文明而言是根深蒂固的。早在 2400 多年前，古希腊历史学家修昔底德就通过对西方文明发源地希腊爆发的伯罗奔尼撒战争的分析，认为雅典的日益壮大势必会引起斯巴达的恐惧，最终引发战争，而美国学者艾利森依据修昔底德《伯罗奔尼撒战争史》中的论述，别出心裁地炮制出了所谓的"修昔底德陷阱"，以论证新崛起大国（崛起国）必然要挑战现存大国（霸权国），导致战争变得不可避免。这就是西方国家口中所说的"修昔底德陷阱"，即一个新崛起的大国必然要挑战现存大国，而现存大国也必然要回应这种威胁，于是战争变得不可避免，守成大国与新兴大国必有一战。

　　无论是"文明冲突论"还是"修昔底德陷阱"，它们所指向的实际上是同一个事实，那就是西方国家总是以一种排他性、对抗性、集团性的思维方式来看待不同的人类文明形式和整个人类世界。在西方国家眼中，从不同的地理环境以及人们的禀赋、行为、习俗、观念的多样性中生长出来的不同文明形式是绝对竞争与截然对立的，自从人类的巴别塔倒塌的那刻起，基于民族语言不同所形成的文明隔阂和文化交往壁垒就成了永远不可能冲破的界限，不同文明之间根本不存在交流互鉴，有的只是你死我活的较量与你弱我强的压制关系。在这种观念之下，西方国家总是怀着唯我独尊的自大心理，戴着有色眼镜看待其他国家的宗教文化，把他国文明贬损得一无是处，认为只有西方才能创造出最丰富的物质文明、最普世的精神文明以及最先进的制度文明，并执意以西方文明去改造非西方文明，仿佛其他文明只有走近西方才算开化，只有走近西方才算文明。同时，也是缘于这种文明冲突的论调，西方国际总是到处寻衅滋事、挑起争端。在资本主义发展早期，西方国家就凭借着坚船利炮轰开其他国家的大门，把自己的文明强加给别人，通过"使未开化和半开化的国家从属于文明的国家，使农民的民族从属于资产阶级的民族，使东方从属于西方"①，企图让人类文明变得只有一个色调、一个模式。二战结束后，西方国家又抱着非敌即友、非黑即白的二元对立思维，大搞集团政治与阵营对抗，发动了对苏联社会主义阵营的冷战并最终形成了西方文明的全球性主导地位。冷战结束后，和平与发展已经成为新的时代主题，但是西方国家的文明观并没有随着时代的进步而进步，他们的想法还停留在冷战思维、零和博弈的旧框框里。尤其是随着中国的崛起以及广大发展

————————

① 《马克思恩格斯全集》第 4 卷，人民出版社 1958 年版，第 470 页。

中国家的发展，西方国家感到前所未有的恐慌和不安，认为中国的崛起是东方文明的崛起，势必会对西方文明造成挑战。正如亨廷顿所言："中国的历史、文化、传统、规模、经济活力和自我形象，都驱使它在东亚寻求一种霸权地位。这个目标是中国经济迅速发展的自然结果。所有其他大国如英国、法国、德国、日本、美国和苏联，在经历高速工业化和经济增长的同时或在紧随其后的年代里，都进行了对外扩张、自我伸张和实行帝国主义。没有理由认为，中国在经济和军事实力增强后不会采取同样的做法。"

基于这种狭隘的文明偏见，西方国家对中国的发展展示出惊人的傲慢与敌意，极尽所能地加以遏制和抹黑。2000 年，小布什在参加竞选美国总统时就赤裸裸地提出"中国不是美国的战略伙伴，而是美国的竞争对手"，并叫嚣在其任期内要对中国实行"遏制性接触战略"。2009 年，美国时任总统奥巴马更是大张旗鼓地推出所谓的"亚洲再平衡"计划，提出让美国"重返亚洲"以遏制中国的快速发展。奥巴马不止一次强调："我无法接受美国成为世界第二。"到了特朗普执政时期，对于中国在国际贸易中积累起来的比较优势，美国一意孤行地挥舞起保护主义的大棒，发起贸易战，对中国商品大规模征收关税，限制中国企业的投资并购活动；对于中国在科技创新上取得的巨大成就，又不顾人民福祉一味地加以排斥与抵制，并以"栽赃大法"把中国污蔑为"知识产权的小偷"；对于中国日益增强的国际影响力以及"一带一路"倡议的广泛认同，又以"债务陷阱""新马歇尔计划"的谎言加以歪曲。尤其是在新型冠状病毒肺炎疫情暴发后，西方国家不但不积极促进全球合作抗疫，反而抱定冷战思维，迷信零和博弈，企图推翻中国—世卫组织新型冠状病毒溯源联合研究报告的科学结论，极力鼓噪疫情溯源调查，将疫情溯源政治化。在没有任何证据支撑的条件下，美国炮制并大肆炒作所谓的"中国实验室泄漏论"，借病毒溯源对中国展开外交和舆论攻击，企图在道义上打倒中国，以此来掩盖其抗疫政策的失败，转移社会矛盾。西方国家的种种拙劣行为，折射出一种带有强烈感情色彩的文明偏见，是文明冲突旧思维作祟的深刻写照。正如德国学者桑德施奈德所说，以一种指手画脚的方式指责中国，或者一味地说中国没有达到西方的期待，这实际上暴露的是西方的严重不自信，只会导致更多的纠纷、争端乃至毁灭，对世界文明的发展有害而无益。

不同文明之间究竟应该如何相处？人类文明又当去往何处？对于这些问题，中国以自身的发展实践给出了答案——不同文明之间不是互不相容的，而是生死与共、命运相依、交相辉映的；不同文明之间不能固守无端的傲慢与偏见，而应该树立"人类命运共同体"意识，以文明交流超越文明隔阂、文明互鉴超越文明冲突、文明共存超越文明优越，从而引领人类文明发展新方向。毫无疑问，全世界200多个国家和地区、2500多个民族以及6000多种语言，各自有着各自独特的历史、文化、宗教、制度、发展水平以及生活方式，因此也就形成了各具姿容、千姿百态的人类文明。这些文明中的每一种都是人类精神的瑰宝，都彰显着思想之美、生活之美以及创造之美，都有其独特意蕴和价值，值得肯定、值得尊重、值得珍惜。对于不同的文明而言，差异是肯定存在的，也势必会出现一些相互不那么好理解的事情，但正是因为有差异、有不同，人类文明的百花园才能姹紫嫣红、生机盎然、异彩纷呈。虽然差异客观存在，但不同文明之间又绝非是截然对立、彼此不相通的，而是有着内在的一致性，即都包含着对和平、发展、公平、正义、民主、自由等全人类共同价值的追求。因此，面对多样的人类文明，我们不能以一种二元对立的方式把其置于矛盾天平的两端，把差异当作交流的障碍、当作对抗的理由，更不能企图建立单一文明的一统天下。面对这种差异，关键是要去正确地理解、理性地看待，"要想去理解并努力去理解，而不要排斥"，要在承认多样性实际的基础上以比天空更广阔的胸怀去沟通、去对话、去协商，进而发现对方的特色、长处、优点，在"求同存异""聚同化异"中取长补短、携手共进。"文明冲突论"只看到了文明的差异性，进而武断地认为文明的冲突将成为全球政治的主宰，人为地把文明划分为三六九等，独尊某一种文明或者贬损某一种文明，从而为西方国家的全球挑衅行为提供了思想储备。

针对西方国家所鼓吹的"文明冲突论"，中国立足于人类文明多元一体、和而不同以及休戚与共的关系，提出了构建"人类命运共同体"的主张，使被"文明冲突论"所恶意搅动的人类文明秩序有了新的发展方向。2017 年 1 月 18 日，习近平主席在联合国日内瓦总部发表了《共同构建人类命运共同体》的主旨演讲，指出："'和羹之美，在于合异。'人类文明多样性是世界的基本特征，也是人类进步的源泉……文明差异不应该成为世界冲突的根源，而应该成为人类文明进步的动力。"[①] 也就是说，文明之间不是你死我活的零和博弈关系，而是并行不悖、相得益彰的，"偏见和歧视、仇恨和战争，只会带来灾难和痛苦。相互尊重、平等相处、和平发展、共同繁荣，才是人间正道"[②]。一种文明只有在与其他文明的交流互鉴、取长补短中增

---

① 《习近平谈治国理政》第 2 卷，外文出版社 2017 年版，第 543 - 544 页。
② 《习近平谈治国理政》第 2 卷，外文出版社 2017 年版，第 446 页。

强自身的生命力、凝聚力和感召力，才能得到发展壮大、守正创新，走向生生不息。当然，从"文明冲突"走向"命运与共"不仅仅是为了避免文明的矛盾和对立，更是化解人类共同面临的各种挑战的必然之选。当前，人类文明正处在一个挑战层出不穷、风险日益增多的时代，世界经济增长乏力，发展鸿沟日益突出，兵戎相见时有发生，恐怖主义、气候变化、重大传染性疾病、难民危机等非传统安全威胁持续蔓延。面对这些挑战，任何一种单一文明形式都难以独自应对，更不可能给出一劳永逸的解决方案，唯有携手合作，撷百家之精华，才能有效应对人类社会百年未有之大变局；只有并肩同行，融各方之优长，才能使人类的文明之路行稳致远。正如习近平总书记所指出的："在全球性危机的惊涛骇浪里，各国不是乘坐在 190 多条小船上，而是乘坐在一条命运与共的大船上。小船经不起风浪，巨舰才能顶住惊涛骇浪。"[1] 因此，为了全人类的共同利益，西方国家再也不能搞唯我独尊、文明歧视那一套，而必须以平等谦逊、虚怀若谷的态度对待各种文明，要在各种文明的相互理解、相互尊重、相互信任中凝聚具有最大公约数的价值共识，寻求人类共同利益和共同价值的新内涵以及各国合作应对多样化挑战和实现包容性发展的新道路，要在风雨同舟、荣辱与共中努力把我们生于斯、长于斯的这个星球建成一个和睦的大家庭。通过各种文明的相知相亲、互信互敬，从而凝结起不同文明的精华，为人类发展问题的解决提供智慧，确保人类文明的巨轮能够克服种种惊涛骇浪和逆流险滩，驶向更加光明的未来。

　　由于"人类命运共同体"理念求大同、讲担当、崇和睦，符合人

---

① 习近平：《坚定信心勇毅前行共创后疫情时代美好世界——在 2022 年世界经济论坛视频会议的演讲》，《人民日报》2022 年 1 月 17 日。

类文明发展大势，反映全人类的共同利益，所以受到了全世界的普遍认可和普遍欢迎，正如第七十一届联合国大会主席彼得·汤姆森所指出的，构建人类命运共同体理念是"人类在这个星球上的唯一未来"。世界各国纷纷把它当作中国引领时代潮流和人类文明进步方向的鲜明旗帜，联合国更是把它写进了多项决议之中，中国的文明感召力和引领力得到了史无前例的增强。然而，对于中华文明所释放出来的勃勃生机，西方国家却出于企图永霸世界的不安情绪，别有用心地认为中国是要把整个人类社会引向一个去西方化的发展路向，认为"人类命运共同体"代表着构建一个新世界的另一种可能，从而大肆渲染"权力转移论""中国威胁论"。实际上，"中国威胁论"是西方本位主义思维的延续和沉渣泛起，正如习近平总书记指出的，如果"从'本国优先'的角度看，世界是狭小拥挤的，时时都是'激烈竞争'"，而如果换个思路，"从命运与共的角度看，世界是宽广博大的，处处都有合作机遇"。作为历来爱好和平的国家，中国从来都没想过要征服全世界，更没有想过取代任何国家，在中国的文化基因里也从来没有称王称霸的基因，有着的是"以和为贵""和而不同""协和万邦""天下大同"的和合理念。中华文化崇尚和谐，中国"和"文化源远流长，蕴含着天人合一的宇宙观、协和万邦的国际观、和而不同的社会观、人心和善的道德观。在5000多年的文明发展中，中华民族一直追求和传承着和平、和睦、和谐的坚定理念，以和为贵、与人为善、"己所不欲，勿施于人"等理念在中国代代相传，深深植根于中国人的精神中，深深体现在中国人的行为上。正是这种"崇德""尚和"的文明基因使得中国在与世界其他文明的交往过程中从不冀望战争，不依靠拳头和肌肉称霸世界，也不渴求霸权、布国威于四方，更不推行殖民，不将全世界都臣服于自己脚下。公元前 140 多年的中国汉代，一支从长安出发的和平使团，开始打通东方通往西方的道路，完成了"凿空之旅"；15 世纪初的明代，中国著名航海家郑和七次远洋航海，留下千古佳话。中国文明走向世界用的不是战马和长矛，而是驼队和善意；靠的不是坚船和利炮，而是宝船和友谊。今天，中国强大起来了，仍向全世界郑重承诺：中国永不称霸、永不扩张、永不谋求势力范围，而是要和世界各国一道为人类文明进步的崇高事业燃起更加炽烈的奋进之火，携手构建"人类命运共同体"。构建"人类命运共同体"不是要以一种文明代替另一种文明，也不是要以一种制度代替另一种制度，而是要让世界各国在涉及人类生存和发展的根本问题上做到同舟共济、守望相助、荣辱与共，从而共创"为万世开太平"的人类文明美好愿景。

通过走中国特色社会主义之路，走和平发展之路，中国彻底改写了大国崛起的文明叙事，为人类文明的宝库贡献了智慧瑰宝。所谓的"文明冲突论"和"修昔底德陷阱"，在中国的和平发展面前彻底沦为了禁不起推敲的伪命题。中国以自身的发展实践重新定义了人类文明交往的思维方式，描绘了和衷共济、天下大同的人类文明新图景，为动荡变革中的世界廓清了迷雾，为全球发展指明了前行方向，为人类文明的前进方向提供了丰富的文明启迪，为推动世界的繁荣进步提供了系统的解决方案。在中国智慧和中国方案的指引下，一个"各美其美、美人之美、美美与共、天下大同"的人类文明新图景正缓缓展现在世人面前。